AF198756

Jürgen Fliege

# Theresias Öl

Das geheimnisvolle Öl
aus den Tiroler Bergen

Jürgen Fliege

# Theresias Öl

Das geheimnisvolle Öl aus den Tiroler Bergen

© tao.de in J.Kamphausen Mediengruppe GmbH, Bielefeld

1. Auflage 2014

Gestaltung Umschlag: Kerstin Fiebig
(unter Verwendung der Abbildung © *ING_33594_26277*
von *www.ingimage.com*)

Verlag: tao.de in J.Kamphausen Mediengruppe GmbH
www.tao.de · eMail: info@tao.de

Bibliografische Information der Deutschen Nationalbibliothek:
Die Deutsche Nationalbibliothek verzeichnet diese Publikation
in der Deutschen Nationalbibliografie; detaillierte bibliografische
Daten sind im Internet über http://dnb.d-nb.de abrufbar.

ISBN(Paperback): 978-3-95802-330-7
ISBN(Hardcover): 978-3-95802-331-4
ISBN(e-Book): 978-3-95802-332-1

Jürgen Fliege

# Theresias Öl

## Das geheimnisvolle Öl
## aus den Tiroler Bergen

# Inhaltsverzeichnis

# Vorwort

Warum trifft uns eine Nachricht wie ein Blitz? Und warum lässt uns so manches andere in der Welt kalt, als hätten wir damit nichts zu tun? Es liegt wohl daran, was wir selbst in unserem Leben erlebt und erfahren haben. Jahrelang, jahrzehntelang kann ein unbewältigter Schmerz in uns schlafend überleben, bis der Tag kommt, an dem er seinen Sinn und seine Antwort bekommt. Als mir eine unbekannte Stimme am anderen Ende der Telefonleitung von einem geheimnisvollen Heilöl erzählte, das seit Generationen in

*Söll in den 1960er Jahren*

der Familie wahre Wunder vollbringt, tauchte in meiner Erinnerung der kleine Sohn meines Patenkindes auf. Ein wunderbar aufgeweckter tiefsinniger Junge mit leuchtenden Augen und roten Haaren. Ich habe ihn getauft und über sein Leben einen Taufspruch aus dem Alten Testament gesprochen: «Wenn du durchs Feuer musst, sollst du nicht verbrennen!» Das steht so im Buch des Propheten Jesaja. Und dann ist es tatsächlich passiert, als wenn ein Spruch eine Prophezeiung wäre: «Wenn Du durchs Feuer musst, sollst Du nicht verbrennen.» «Du sollst nicht verbrennen!» Ich habe ihn damals natürlich nicht schreien hören. Er wohnt ja Hunderte von Kilometern weit weg. Aber ich wollte mir die Ohren zuhalten, als seine Mutter mir weinend am Telefon von dem Unglück erzählte. Es war eine klassische Situation! Ein großer Topf heißer, kochender Milch ergießt sich über den Kleinen, der sich am Herd hochzieht. Ich habe gesehen, wie er sich später tapfer in seine maßgefertigte Stretch-Unterwäsche zwängte. Ich vergesse nicht, wie diszipliniert er war und wie seine Mutter um sein Leben gebangt und gebetet hat und wir uns aus dem Taufspruch Trost holten. Damals vor zehn Jahren. Und jetzt erzählt mir da eine fremde Frau von einem Öl, das alles hätte heilen können, die Wunden des Körpers – und so auch die Wunden der Seele. Da öffnet sich mein Herz ganz weit und lauscht. Der alte Schmerz über den kleinen Jungen führt meine Aufmerksamkeit.

Die nüchtern klingenden Berichte der Ärzte und Professoren aus Krankenhäusern und Universitäten über die Heilkraft von Theresias Öl habe ich erst später gelesen. Sie verwundern mich jetzt nicht mehr. Ich lehne mich eher beim Lesen der Dokumente in meinem Schreibtischsessel zurück und staune über meine frühe Intuition, dass da etwas Besonderes auf mich zukommen würde. «Mein Bauch» wusste es vorher, definitiv.

Meine Mitarbeiterin stellte vor ein paar Monaten ein Telefonat durch. Eine Frau mit österreichischem Akzent entschuldigt sich für die Störung und berichtet mir vorsichtig von einem besonderen Heilöl, das ihre Familie seit dem Mittelalter herstellt und hütet wie einen großen geheimnisvollen Schatz. Und weil sie mir von grauen Fernsehzeiten her vertraut, will sie mir davon erzählen. Es ist nicht einfach, heute von Wundern zu erzählen. Es würde gleich alles als Verkaufsmasche abgetan. Sie bittet um einen Termin.

Ein paar Tage später sitzt sie mir gegenüber, Theresia, eine ehemalige Lehrerin mittleren Alters aus Söll in Tirol, die in der x-ten Generation die «Wächterin» des goldenen Öls ist, sagt sie. Ein Kräuteröl, das auch noch die dramatischsten Verbrennungen, Verbrühungen und offenen Wunden narbenfrei oder fast narbenfrei zu heilen vermag. Unwillkürlich denke ich wieder an den ältesten Sohn meines Patenkindes. Jahrelang trug er einen Kompressionsanzug. Ich habe ihn für seine Disziplin bewundert, wenn er mich mit seinen Eltern und Geschwistern besuchte. Die Narben am ganzen Körper versucht der Junge heute noch zu verstecken. Ich bin also neugierig.

Seit dem Mittelalter geht diese Aufgabe, das Kräuteröl zu mischen und zu schützen, von Generation zu Generation, erzählt Theresia weiter.

Und seit dieser Zeit kamen die Menschen von nah und fern zu ihrem Hof in Tirol und baten um das Öl. Wenn die Narbe des Waldbauern nicht heilt, wenn der Dachdecker sich die Hände im Teer verbrüht und sich wieder einmal die heiße Milch, von den heißen Holzherden der Bauernhäuser gerissen, über die kleinen Körper der schreienden Kinder ergießt und alles zerstört. Ich höre gebannt zu. Es sind solche Geschichten, die mich schon immer besonders interessiert haben. Wenn es auch nicht immer ein Patenkind ist, das mir mit seinem Schicksal durch den Kopf geht,

*Ehemaliger Bauernhof von Theresias Großeltern*

eine oder einer ist es immer, dessen Wunsch nach Heilung mich begleitet und mich Umschau halten lässt. Heilung ist möglich, sage ich mir immer. Und hinter den «sieben Bergen bei den sieben Zwergen» gibt es auch bei uns ein Heilwissen, das alle Universitäten von heute noch nicht erreicht hat. Und es ist selten genug, dass die Professoren an den Universitäten so offen sind wie in diesem Fall, einmal der Kraft des Öls zu vertrauen. In Innsbruck ist das vor gut zehn Jahren gelungen. Das mag daran gelegen haben, dass die Universität sich gerade mit den Heilkräutern der Tiroler Umgebung intensiv beschäftigen musste, weil Ötzi, der Mann aus dem Eis, mit Heilkräutern in den Ledertaschen

gefunden wurde. Das Leben liebt solche sogenannten Zufälle, um ein neues Kapitel aufzuschlagen.

Die Anfänge des Öls liegen wohl im Dunkeln des Mittelalters. Eine junge Frau legt in einer kalten Nacht ihr Baby
vor die Tür der Familie und hinterlässt wohl auf einem
Lederstück ein Rezept für ein Heilöl. Neben dem Kind eine
ägyptische Pflanze, die in der Kälte Tirols genauso beschützt
werden muss wie das Kind. Ich höre zu und gehe später,
quasi als ausgebildeter «Schriftgelehrter», der Legende auf
den Grund und finde viel Wahres. Ich habe das in diesem
Buch aufgeschrieben. Darin erzähle ich auch, wie das Öl
Theresia vor ein paar Jahren unruhig machte und dafür
sorgte, dass es aus dem verborgenen Tiroler Haus in die
Welt ging. Radio Tirol hatte damals von einem dramati-
schen Unfall eines kleinen Jungen berichtet, der mit Verbrennungen dritten Grades mit Blaulicht in die Uni-Klinik
eingeliefert wurde. Bestand Lebensgefahr? Würden die
Ärzte das Kind und seine Haut retten können? Theresia
nahm ihr Öl, fuhr in die Klinik, und das Wunder nahm
seinen Lauf.

Ihr Öl muss vorsichtig und nicht hektisch weiter fließen.
Es muss organisch wachsen. Die ägyptische Pflanze bestimmt am Ende, wie man der Nachfrage Herr wird. «Und
das Heilige muss der Pflanze bleiben», sagt Theresia. «Und
deshalb bin ich jetzt bei Ihnen ...». Ich schaue sie an. «Ja»,
sage ich dann, «ich werde Ihrem Öl zu Ehren Ihre Geschichte erzählen. Sie ist gut belegt und glaubwürdig und
fromm. Sie wird vielen Menschen helfen.»

*Jürgen Fliege*
*Tutzing im Dezember 2013*

# Frühjahr 2005 in Tirol

Der Notarztwagen versuchte sich mit seinem Martinshorn, mit Blaulicht und den aufgeblendeten Scheinwerfern einen Weg durch den abendlichen Berufsverkehr von Innsbruck zu bahnen. Der schmutzige Schnee war noch nicht überall geräumt worden und türmte sich an manchen Straßenkreuzungen zu hohen Bergen. Und die Frühjahrssonne war noch nicht hoch genug, um für ein paar Stunden mit ihrer Wärme über die südlichen Berge bis ins Inntal vorzudringen, um den Schnee zu schmelzen. Die Wagenreifen mahlten sich mühsam einen Weg durch den Matsch. Es war mal wieder kein Durchkommen. Wenigstens schien es der jungen Mitfahrerin so, die mit ihrem Mann hinten im hell erleuchteten Wagen saß, nervös und ungeduldig. Ihre Beine zitterten. Das enge Tal, der stetig anwachsende Verkehr, die Baustellen, die kein Ende fanden. Warum nimmt niemand Rücksicht? Wissen die anderen nicht, dass es hier im Rettungswagen oft um Leben oder Tod gehen kann? Warum fährt keiner an den Rand? Das ist doch nicht nur der Schnee!

Das leise Wimmern des kleinen Jungen auf der neonhell erleuchteten Trage neben ihr war auch vorne am Lenkrad noch zu hören. Und es trieb den Fahrer der Ambulanz immer wieder zur Eile an. Er tat, was er konnte. Das Schicksal von Kindern geht auch den Rettungssanitätern und den Notärzten näher, als sie oft zugeben wollen. Die Zeit würde kommen, darüber reden zu müssen. Aber nicht jetzt. Er wusste wohl, dass es auf jede Minute ankommen konnte. Verbrennungen! Mindestens der ganze Rücken! Er hatte ja nicht allzu viel von dem Kind gesehen. Sie hatten den Jungen nicht entkleidet. Das war alles erst einmal die Sache des Kollegen. Aber der hatte kritisch geschaut und die Augenbrauen nach oben gezogen, als er die Verbrennungen sah. Da wusste auch er Bescheid. Man kennt sich seit vielen Einsätzen.

Keine zwei Jahre schätzte er den kleinen Jungen hinten auf der Trage. Die dunkelblonden feinen Haare des Kleinkinds hatten aus dem weißen Bündel geschaut, als sie ihn auf der Klapptrage festgeschnallt hinten in den Wagen schoben. Seine Eltern wollten unbedingt mit. Manchmal lehnten sie das aus rechtlichen Gründen ab. Notarzt und Rettungssanitäter müssen ihre Arbeit ohne Rücksicht auf die berechtigten Gefühle entsetzter Angehörigen machen können. Aber die Eltern waren wie selbstverständlich in den Wagen geklettert und die junge Mutter setzte sich zitternd neben ihr Kind. Den kleinen Körper hatten sie in dem Café in Innsbruck noch mit weißen Leinentüchern notdürftig abgedeckt. Das war eher ein Schutz vor der abendlichen Frische als vor den Gefahren einer Sepsis. So schnell reagiert auch der Körper eines Kleinkinds nicht. Der Junge wimmerte leise. Die junge Mutter griff nach ihrem Kind, streichelte ihm kurz über die Stirn und schaute ihren Mann an. Der saß wie versteinert auf dem Klappnotsitz an der anderen Seite der Klapptrage. Sein Kind, sein Sohn! Was würde aus seinem Kind? Was war passiert? Sein kleiner Sohn würde auf einmal kämpfen müssen. Er ist doch noch viel zu klein! Und er, sein Vater sitzt da und kann nichts tun und tut nichts. Er senkt seinen Kopf, fährt mit dem linken Arm über seine Augen und schüttelt wieder und wieder den Kopf, als wenn er etwas abschütteln oder nicht annehmen und verstehen könnte. Ansehen kann er seine Frau jetzt nicht groß.

Seine Frau schien den Schmerz ihres Kindes noch weniger ertragen zu können. Aber sie wollte etwas tun. Ihr Kind auf der Trage schien ihr allein und so fern. Kurz musste der Wagen wieder an einer Kreuzung anhalten, um sich zu vergewissern, dass auch bei Blaulicht und grün geschalteter Ampel kein Wagen auf der Kreuzung war, um weiterzufahren. Da nimmt die junge Mutter die Gelegenheit wahr, richtet sich ein wenig auf und schaut flehentlich die Männer an. Sie fragt laut, ob sie ihr Kind nicht auf dem Schoß halten kann? Das wenigstens scheint ihr doch mehr als nichts zu sein. Die Rettungssanitäter hatten ihr dann gestattet, ihr Kind von der Trage auf den Schoß zu nehmen. Das war gegen die Vorschrift. Die verlangt, dass gerade im Rettungs- und Notarztwagen jeder zu jedem Zeitpunkt fest angeschnallt sein muss. Die schnelle Fahrt macht plötzliches Bremsen notwendig. Aber vielleicht war das in diesem besonderen Fall zu vernachlässigen. Es ging ja nur langsam durch die verstopfte Stadt. Und da war ein schwer verletztes wimmerndes Kleinkind in den Armen der Mutter besser aufgehoben als – wie sonst üblich und vorgeschrieben – auf der Trage fixiert transportiert zu werden. Trost war wohl jetzt die erste und einzige Medizin, da war man sich schweigend einig.

Was war passiert? Der kleine Junge musste sich wohl in einem unbeobachteten Augenblick – neugierig wie Kinder in diesem Alter sind, die ihre ersten eigenen Schritte durchs Leben probieren, umfallen und wieder aufstehen, kriechen und sich irgendwo dran hochziehen –, vom Tisch der Eltern weggerobbt haben. Und sich dann hinter der Theke im Café zu schaffen gemacht haben. Da war das Leben. Von da kam die freundliche Bedienung und von da kam Essen und Trinken und Leben. Auch eine junge Mutter und ein junger Vater können nicht immer die Augen überall haben. Und dann war doch der Augenblick gekommen, vor dem sich alle Mütter und Väter fürchten und hoffen, dass es nie passieren würde. Der Kleine hatte endlich hinter dem Rücken der Eltern sein Ziel erreicht und sich mit seinen gut anderthalb Jahren an den Griffen der Thekenschublade hochgezogen und dann mit der anderen Hand, die nach oben griff, den mit kochend heißer Milch gefüllten Milchaufschäumer der Kaffeemaschine erwischt. Und die mit kochend heißem Dampf brodelnde Milch im Topf schlug auf seinem kleinen Kopf auf und ergoss sich nach hinten durch die Kleidung über seinen ganzen Rücken. So ungefähr würde es wohl gewesen sein. Genau hatte es ja niemand gesehen. Erst das Scheppern des leeren Topfes auf dem Steinfußboden hatte sie alle aufgeschreckt und Richtung Theke schauen lassen.

Aber mehr wollte die Mutter in ihrem Schmerz auch gar nicht wissen. Jetzt nicht! Später! Es war alles schrecklich genug. Und auch von den übrigen Gästen hatte es keiner mitgekriegt. Irgendeiner wäre doch sicher aufgesprungen. Sonst wäre es ja nicht passiert. Krabbelnde Kleinkinder waren ja ständig zwischen den Tischen unterwegs. Die verzweifelte Mutter hatte sofort das Kind genommen und dann auf ihrem Handy den Notruf gewählt. Aber was soll sie jetzt in der Zwischenzeit zusätzlich tun? Es sind doch Sekunden und Minuten, die man nicht einfach so verstreichen lassen kann? Dem Kind das Hemdchen und das weiße Unterhemd vom Körper reißen? Oder vorsichtig mit der Schere das Jäckchen, das karierte Hemd und das Unterhemd aufschneiden? Wo ist die verdammte Schere, mit der sie hier doch sonst die Milchtüten an der Kaffeemaschine aufschneiden? Oder Mehl aus der kleinen Küche auf die rote Haut streuen? Haben die hier überhaupt Mehl? Was ist mit kaltem oder sogar warmem Wasser? Was hatte ihr Homöopath ihr einmal bei Verbrennungen geraten, heißes oder kaltes Wasser? Sie wusste es nicht mehr. Sie konnte keinen klaren Gedanken mehr fassen. Das Kind schrie und schrie und sie wusste nur, dass sie es jetzt vorsichtig in den Armen halten und tröstend und beruhigend auf es einreden musste. Alles wird gut! Alles würde gut! Aber dass wirklich alles gut werden würde, davon war sie nicht überzeugt. Warum lügt man in der Not sein Kind an? Oder ist es solange keine Lüge, solange die Mutter bei ihrem Kind bleibt? Solange die Mutter da ist, ist alles gut. Ist es das? Und jetzt, eine gute Viertelstunde später, waren sie alle so schnell wie es eben der abendliche Verkehr zuließ, auf dem Weg in die Universitätsklinik Innsbruck. Diese vielen Autos! Spürt denn keiner die Not des Kindes?

Endlich, als der Rettungswagen scharf nach links abbiegt und die Mitfahrer ein wenig gegen die Wand gedrückt werden, lesen auch die Eltern hinten im Wagen das erlösende Schild: Universitätsklinikum Innsbruck. Notaufnahme! Gott sei Dank! Wahrscheinlich Intensivversorgung, später dann Dermatologie oder plastische Chirurgie oder doch Innere? Herz-Kreislauf? Verbrennungen zweiten, dritten Grades, wer weiß das jetzt. Lieber Gott im Himmel, mach doch …! Gebete können so verrückt und naiv sein! Wie verbrannte Kinder schreien wir zum Himmel! Wir sind wie die Kinder. Wir sind Kinder. Die Vernunft nennt es Unsinn. Der Schmerz nennt es Liebe!

Die Lage des Kindes sei kritisch, sagte zur vollen Stunde der Nachrichtensprecher von Radio Tirol. Ein Kleinkind von sechzehn Monaten habe sich in einem Straßencafé am Innufer am ganzen Rumpf mit heißer Milch verbrüht. Der Name des Cafés wurde nicht genannt. Das Radio wiederholte diese paar dürren Sätze zu jeder vollen Stunde bei den üblichen Lokalnachrichten. Unbeteiligte Ohren schienen sich daran gewöhnen zu können. So etwas kommt zu oft vor, als dass es hängen bleibt. Der Polizeireporter hatte die paar Sätze wohl so in die Redaktion telefoniert und die hatte es auf den Sender gegeben. Mehr war da nicht zu sagen. Die Leute in der Stadt, die Autofahrer am meisten, die das Martinshorn gehört hatten und vor dem Blaulicht ihren Wagen kurzentschlossen auf die Bankette gelenkt hatten, wollten eben wissen, warum der Rettungswagen zusätzlich den Berufsverkehr lahmlegt und sie in die Schneehaufen am Straßenrand drängt. Für ein Kind hatten sie Verständnis. Der Wagen würde wohl die Uni-Klinik ansteuern.

Doch diese Nachricht schien an diesem Abend nicht die allerwichtigste in Innsbruck zu sein. Die Stadt und besonders ihre Universitätsklinik waren gerade weltweit in den Focus der Aufmerksamkeit gekommen. Die Universität hatte wieder einen ganz besonderen Patienten. Sie kümmerte sich in diesen Tagen mit all ihren medizinischen Honoratioren um Ötzi, den 5000 Jahre alten Mann aus dem Eis. Das war die Topmeldung, mit der Radio, Fernsehen und Zeitung auch an diesem Abend aufmachten. Im Streit mit dem Nachbarland Italien hatte man durchsetzen können, dass Ötzi, der Mann vom Similaungletscher, der zwar auf Südtiroler Gebiet gefunden wurde, unter Polizeischutz in einem Spezialkühlwagen nach Tirol geschafft wurde. Innsbruck verfügte über die nötigen Kapazitäten und Einrichtungen, sich um ihn zu kümmern. Führende Professoren und der Chef der Klinik waren mit ihren Statements über den Zustand der Mumie auf allen Kanälen präsent. Sie würden, sagten sie immer wieder, das Geheimnis der Eismumie entschlüsseln. Ganz Tirol war stolz auf seine Universitätsärzte, die sich um einen Toten aus der Steinzeit beugten. 5000 Jahre alt! Das waren aufgrund der steinzeitlichen Bewaffnung des Eismannes die ersten Schätzungen. Das war Weltrekord. Ganz sicher aber ein Rekord für Mitteleuropa. Man würde mit den Methoden der Universität und der Radiokarbonmethode aber noch viel genauer sagen können, wie alt die Mumie wirklich ist. Was in 5000 Jahren passiert, davon macht sich eine Menschenseele ja keine Vorstellung. Es würde geheimnisvoll bleiben. Aber die Menschen waren neugierig, was da alles noch ans Tageslicht kommen würde. Die Toten haben ihre eigene Wirkung. War Mord im Spiel oder hatte ein plötzlicher Wettersturz ihn das Leben gekostet oder war er krank gewesen? Die Uni würde es herausfinden. Wenn einer es schaffen würde, dann ihre Koryphäen von der Medizinischen Fakultät. Denn da war ja noch die Sache mit den durch ein Attentat abgetrennten Händen eines Mannes, die das Ärzteteam der Universitätsklinik in der plastischen Chirurgie erstmalig in der Welt wieder angenäht hatte und die auf weltweites Interesse stieß. Innsbruck schrieb gerade Medizingeschichte.

Wer in Innsbruck und Umgebung interessierte sich vor diesem spektakulären Hintergrund medizinischer Erfolge noch für einen kleinen schwerverletzten Jungen, der vielleicht ebenso wie eine kleine Mumie in sterilen weißen Leinentüchern verpackt gerade bei der Notaufnahme mit seinen Eltern eingewiesen wurde? Routiniert schoben die beiden Rettungssanitäter ihren kleinen Patienten, den sie wieder auf die Klapptrage gelegt hatten, den langen neonbeleuchteten Flur entlang, vorbei an den anderen wartenden Patienten auf ihren Klappstühlen in der Notaufnahme. Wer mit einem Rettungswagen kommt, hat Vorrang.

Wer hörte schon das Wimmern eines kleinen Jungen, der möglicherweise bald um sein Leben kämpfen müsste, weil das Gift des verbrannten Gewebes sein Immunsystem massiv angreift? Wer spürt das kindliche Betteln der betenden Mutter um ihr Kind? Irgendeiner muss es doch hören! Wir weinen und schreien und seufzen und stöhnen und wimmern doch, damit uns jemand hört! Warum tun wir das alle? Warum lehrt Not beten?

# Eine Berufung

«Man sieht nur mit dem Herzen gut», lehrte doch der Fuchs den kleinen Prinzen von Saint Exupéry die schwierige Welt der erwachsenen Menschen zu verstehen. Und dieser kleine Prinz hat die Welt der Menschen, die ihr Glück allein den alles messenden Naturwissenschaften anvertrauten, im Tiefsten erschüttert. Alles was passiert, passiert nicht mehr sinn- und zusammenhanglos. Es gibt immer mehrere Ebenen, die Dinge wahrzunehmen und nach ihrem Sinn zu suchen. Das lehrt der kleine Prinz. Und die wichtigste Ebene ist die Ebene des Herzens. Alles, was passiert, ist auch eine Botschaft und verknüpft das Netz des Lebens. «Man sieht nur mit dem Herzen gut. Das Wesentliche ist für das Auge unsichtbar.» Das Wesentliche ist also für ein Herz wahrnehmbar.

Wenn das so stimmt und das tut es ja wohl, dann hört man auch nur mit dem Herzen gut. Das Wesentliche ist für die Ohren unhörbar. Es sind zwar die Augen, die alles sehen und oft genug und viel zu oft, das was sie sehen, als Bedrohung und feindlich einordnen. Aber mit dem, was sie sehen, können sie im Grunde nichts anfangen. Das kann nur das Herz, das in Millisekunden die Daten runterrechnen muss auf ein einziges Plus oder ein Minus. Und es sind zwar die Ohren, die alles hören, aber was das Zittern in der Stimme für Geschichten erzählt und womit sie im Herzen der Hörer auf eine Resonanz und ein altes Echo stoßen, ist unhörbar. Es sind ja nicht die Ohren, die das eine hören und das andere nicht. Ohren stehen immer auf Empfang. Nicht nur am Tag, sondern auch tief in der Nacht und im tiefsten Schlaf. Es ist das Herz in der Brust, es ist eher der ganze mitfühlende Mensch mit seiner Seele vielleicht, der alles, was er hört, sortiert und deutet und entweder aussortiert oder weiterleitet. Es kommt also wirklich weniger auf die Ohren an, die Radio und Nachrichten hören! Es kommt auf das einzelne Herz an, das in zeitlosen Augenblicken irgendwie weiß, was es zu tun hat. An diesem Abend war es das Herz von Theresia aus dem nahen Söll. Theresias Herz war auf Empfang! Warum und wozu weiß keiner. Das Wesentliche des Zufalls ist für Statistiker unbegreifbar.

Theresia ist eine Mutter von vier Kindern und eine Frau in den besten Jahren. Die Kinder sind aus dem Gröbsten raus. Sie ist auch eine Frau, die mitten im Leben steht. Berufstätig ist sie obendrein. Sie sucht sich die Herausforderungen. Man ruft sie, wenn es Konflikte gibt, die einer Mediation bedürfen. Sie bildet sich gerade weiter. Da ist es oft ihre Aufgabe, neben dem, was ihre Ohren hören und ihre Augen sehen, die eigentliche Tiefe des Konflikts zu erahnen.

Wer aber ahnt an diesem Abend die Not eines schwer verletzten Kindes? Verletzte, schreiende Kinder, das hatte sie mit ihren eigenen Kindern auch hinter sich gebracht.

Es gab da durchaus Momente, in denen sie die Hände hatte falten müssen. So eine auch leidgeprüfte erfahrene Mutter ahnt die Not einer anderen Mutter. Mütter hören auch anders Radio als Väter. Männer sind an den Fakten interessiert. Wie viele Minuten hat es gedauert, welcher Grad von Verbrennung? Wie viele Minuten vom Einsatzort, dem Café in der Stadt, zur Klinik? Wie stehen die Chancen? Wer war schuld? Zuerst die Zahlen, dann das Kind! Mütter sehen meist zuerst das einzelne Kind. Die Nachrichten über das Schicksal von Kindern dringen den

Müttern bis ins Herz. Für sie kann ein Einzelschicksal genauso dramatisch sein wie für die Männer eine Katastrophe mit Hunderten von Verletzten und gar Toten. Unsere Seelen aber als der himmlische Teil einer Person können wohl nicht zählen. Kinder scheinen für Mütter wichtiger und wertvoller zu sein als für Väter. Das hört zwar niemand gerne. Aber die Fakten sind halt so. Keine Mutter lässt ihr Kind im Stich. Und wenn doch, steht es gleich in allen Zeitungen. Wer berichtet über die Not eines Kindes, das der Vater im Stich ließ?

Aber es hatte bei alledem noch einen ganz besonderen Grund, warum Theresias Herz an diesem Abend auf Empfang schaltete und sie wie elektrisiert alle Aufmerksamkeit auf das Radio richtete. Es war ihr Öl! Ihr schien plötzlich, dass die Lokalnotiz im Radio ihr galt. Das hört sich etwas verrückt an. Aber wenn man in seinem Haus und seiner Familie und in seiner Hausapotheke ein geheimnisumwittertes Öl aufbewahrt, das über Generationen für die Familie und alle, die im Dorf davon wussten, auf wundersame Weise auch noch die schrecklichsten Brandwunden heilen konnte, dann wird das Herz einer Mutter eine andere Antwort finden müssen als einfach nur die nächste Nachricht zu hören. Das Herz fühlt sich angesprochen. Das Herz geht in Resonanz. Das Leben ruft.

Solche Berufungen kommen meist ziemlich verrückt daher. Aber sie haben auch ein Muster, das immer wiederkehrt. Es sind oft zwei oder mehr Ereignisse, die im Grunde nichts miteinander zu tun haben. Sie kommen gleichzeitig, also synchron daher und berühren sich an einem alles entscheidenden Punkt, und sie treffen sich im deutenden Herz eines Menschen. Wie wenn beide Ereignisse von weit her auf diese Begegnung hin gesteuert würden, entfaltet diese Begegnung im Herzen des Menschen eine ungeahnte Kraft und Entschlossenheit. Und das Herz kennt nur eine

Art richtiger Antwort. Das Herz antwortet richtig, indem es sich in den Dienst nehmen lässt. Dieser Wirkung einer fernen Liebe kann es sich nicht entziehen.

Für einen außenstehenden Dritten ist diese Synchronizität nicht immer wahrnehmbar. Für technische Apparate erst recht nicht. Wie man diese ferne und unsichtbare, führende und rufende Energie beschreibt, ist immer unterschiedlich. Für die einen, religiös erzogenen Menschen sind Engel am Werk. Und das müssen nicht Männer mit Flügeln sein. Für die anderen ist eher eine alles leitende Kraft und Energie am Werk, die ohne innere Bilder auskommt. Und dritte ergeben sich einfach nur in die Kraft dieser alles umfassenden Zuwendung, die sie als große Liebe erleben.

Theresia besaß nämlich ein geheimnisvolles Öl, das die Haut eines Menschen ohne spätere Narbenbildung heilen konnte. «Besitzen» ist nicht das richtige Wort. Wer kann schon etwas besitzen, das eher da war als der Besitzer? Das Neue kann das Alte nie besitzen. Das Alte trägt das Neue. Sie empfand sich daher vielmehr als die Hüterin dieses alten Geheimnisses, gemischt nach einem geheimen Familienrezept. Ihr Herz schlug an diesem Abend an, hat sie später einmal gesagt. Man muss nur lernen, es auch so wahrzunehmen. Eine Art Instinkt sei das gewesen. So wie ein Hund anschlägt, eine Katze unruhig wird und ihren Platz am Ofen verlässt oder ein wildes Tier anschlägt, das Gefahr oder Rettung wittert, so schlug auch ihr Herz. Sie spürte es in ihrer Brust. Es schlug kräftiger, wahrnehmbarer, ja, man kann das so sagen und schreiben, es schlug an. Theresia wurde unruhig und ging ein paar Schritte durch ihr Haus. Eigentlich war sie gerade im Begriff für sich und ihre Familie ein paar Brote zu streichen. Es war an der Zeit. Nichts Besonderes. Der Pfefferminztee war schon fertig. Ihr Herz setzte sie in Bewegung. Sie stellte den Teebecher auf die Spüle und ging wieder ein paar Schritte durch die gemütlich eingerichtete Wohnküche zum Fenster. Sie strich die Gardinen beiseite und schaute hinaus, ohne zu wissen warum. Und dann ging sie wieder zurück. Als wenn die Nachricht nicht aus dem Radio, sondern von draußen durch das Fenster zu ihr käme. Das Fenster ging nach Westen hin, da wo Innsbruck lag. Aber dann ging sie wieder zurück zum Radiogerät im Küchenschrank. Irgendwas war anders.

Kann man sich eigentlich – keine siebzig Kilometer entfernt – gleich in aller Ruhe vor den Fernseher setzen? Kann man eigentlich, mit sich und den Seinen im Reinen und Frieden, die Hände zum Gebet falten und dann die Augen schließen und allen Schmerz dieser Welt dem Himmel anvertrauen?

Das wirkt wie eine Art Schichtwechsel, wo am Tag der Mensch und in der Nacht der Liebe Gott oder die Gottesmutter ran muss. Mit wachsender Unruhe geht Theresia durch die Küche, dreht den Küchenstuhl, setzt sich hin, steht gleich wieder auf und grübelt weiter. Jetzt geht sie wieder zum Fenster, neigt sich etwas nach vorn und versucht – verrückt irgendwie – nach Innsbruck zu schauen. Was ist mit dem Jungen? Geht das alles hier, wo die Kirche wirklich noch im Dorf steht, in Ordnung, wenn eben nur eine gute Stunde entfernt ein Kind um sein Leben schreit und dann wieder vom eigenen Schreien erschöpft zu wimmern beginnt? Sie kennt das doch. Kann man das so einfach wegstecken und hinnehmen? Man macht das ja auch sonst jeden Tag und reagiert nicht auf die Not eines jeden Menschenkindes. Kann man das aber vielleicht umso weniger, sobald man ein Mittel weiß, welches das Kind retten könnte, oder es sogar besitzt? Wer kann das? Hier in diesem Dorf in Tirol, an den dunklen und kalten Nordhängen der Alpen war es immer üblich, dass man sich in Notsituationen half. Diese Verlässlichkeit der einen für die

anderen reichte noch viel weiter zurück als das Gefahr-
läuten der Kirchenglocken vom nahen Kirchplatz. Nach-
barschaften sind wichtiger als anonyme Lebensversiche-
rungen. Das prägt die Menschen hier auch über moderne
Zeiten hinweg. Diese tiefe Erfahrung löscht auch keine
staatlich organisierte Hilfsinstitution wie Polizei, Feuer-
wehr oder Krankenversicherung in einer Generation einfach aus. Theresia schaltete jetzt den Fernseher an. Sie wartete einen Augenblick auf die Regionalnachrichten. Aber
da kam nichts. Als sie den Wetterbericht für Tirol und das
benachbarte Bayern brachten, schaltete sie wieder ab. Es
war wohl doch nicht wichtig genug für Tirol und die Welt.
Stimmt ja auch. Es war keine Nachricht für die Welt. Sie
drehte dann wieder ihr Radio lauter und wartete auf die
volle Stunde mit den neuesten Nachrichten.

Theresia setzte sich jetzt an den Tisch, nahm die Zeitung und schob sie kurz aufgeschlagen wieder beiseite.
Ihre Gedanken waren bei dem Kind. Sie sollte sich darauf
konzentrieren. Wie viele kleine und große Kinder und Er-
wachsene waren eigentlich mit ganz ähnliche Geschichten und Wunden in den letzten Jahren zu ihrer Großmutter Maria oder später zu ihrer Mutter Anna und dann
auch zu ihr, zu Theresia, gekommen? Viele! Die konnte
man nicht an den Händen abzählen. Die Kathi fiel ihr natürlich ein, weil ihre Geschichte mit ihrem jüngsten Sohn
so ganz ähnlich war wie das, was sie da im Radio mitbekam. Kathi war hier aus dem Dorf und kannte das Öl
und seine Geschichte. Das mit Kathi war wohl schon gut
zwanzig Jahre her und der Kleine war damals gerade ein
Jahr. Noch etwas wackelig auf den Beinen hatte er sich am
alten Holzherd in der Stube festgehalten und sich dabei
beide kleinen Händchen verbrannt. Die Handflächen waren feuerrot und mit riesigen Brandblasen. Er schrie wohl
damals genauso fürchterlich wie der Kleine aus Innsbruck
jetzt. Und Kathi hatte erzählt, dass sie die Händchen des

Kleinen gleich ins kalte Wasser getaucht hatte. Es dauert eben seine Zeit, bis sie das besondere Öl hatte und der Verband mit der Brandsalbe von Theresias Mama fertig war. Der Junge sollte derweil nicht denken, Mutter tut nichts. Sie hatte ihn im Arm gehalten und sich auf das Sofa gelegt und den Jungen auf ihren Bauch gebettet. Erschöpft war der Junge dann gleich eingeschlafen. Der Schmerz war weg. Und am nächsten Tag haben sie dann wie üblich angefangen, zweimal am Tag die Verbände zu wechseln, mit Kamillentee die Hautstellen zu reinigen und dann wieder das Heilöl aufzutragen. Drei Wochen hatte es damals alles in allem wohl gedauert. Und keine einzige Narbe war zu sehen. So war das. Ob die Kathi wohl auch gerade Radio hörte? Sollte sie sie anrufen?

Manchmal waren die verwundeten Leute auch auf eigenen Füßen gekommen. Eben, wenn sie denn groß und erwachsen waren. Vom Feld waren sie dann gerannt gekommen, von irgendeinem Erntefeuer weg, aus den Rodungen oben am Berg oder mit Quetschungen an Haut und Gliedern aus dem Wald. Und immer wenn sie spürten, dass die Lage ernst wurde, einen oder zwei Tage später, da humpelten sie mit ihren offenen Wunden, die bald zu eitern drohten, und sich nicht schließen wollten, auf den Hof. Und immer wieder diese riesigen Brandmale. Manchmal waren sie auch mit einem Pferdewagen gekommen, der dann in eiliger Fahrt an der Kirche und am Friedhof vorbei endlich vor dem Hof hier hielt.

Wie lange war das eigentlich her, dass E.J. sein Dach selber mit Bitumen reparieren wollte? Da gab es ja längst Trecker und Autos. Aber er war ja auch nicht der erste. Die Menschen im Dorf hier machen alles selber, wenn sie nur konnten. J.E. hatte den Bitumenteer wie üblich mit dem Gaskocher flüssig gekocht und dann über die an die Regenrinne angelegte Leiter in einem Eimer mit aufs Dach genommen. Dort wollte er den Teer mit einem alten Handfeger auf die Dachpappenränder auftragen. Er hatte sich mit beiden Beinen auf die störrische Dachpappe gekniet, um sie plattzudrücken. Und dann wollte er sich wohl die durch das Tragen etwas zu heiß gewordene Hand in einem nebenstehenden Wassereimer kühlen. Da griff er aus Versehen mit der ganzen Hand in das 300 Grad heiße Bitumen und verbrannte sich die komplette Hand bis an den Unterarm. Das schwarze Bitumen wurde an der Luft sofort zäh und klebte wie ein Handschuh aus der Hölle! Es war grauenvoll. Es war entsetzlich! Mit der einen Hand hielt er sich an der Leiter fest beim Runterklettern. Die andere schwarze Hand hielt er in die Luft, damit das Blut nicht so einschoss und den Schmerz durch den ganzen Körper trug. J. schrie das ganze Haus zusammen. Er war dann nicht sofort rübergekommen wegen dem Öl. Er war sofort ins Spital gebracht worden. Aber die Ärzte hatten nicht einmal ein Schmerzmittel, das bei diesem Schmerz Wirkung zeigte. Es war fürchterlich. Die Nachbarn und Verwandten berichteten am Abend in furchtbarsten Bildern davon. Damals hatte ihre Mutter, die Anna, sofort ihr Kräuteröl ins Spiel gebracht. Aber man war nicht sicher, ob das Öl nicht zu wirkungslos sein würde angesichts einer solchen Katastrophe. Er sollte, sagte ihre Mutter Anna immer wieder, nur die Hand darin baden, so wie sie ist und mehr erst nicht. Viel Öl und mehr nicht! Das hat er dann auch irgendwann gemacht, der J. E.. Und innerhalb weniger Minuten verschwanden die Schmerzen. Und nach und nach löste sich mit der verbrannten Haut auch der Teer von der Hand. Und darunter hatte sich eine neue narbenfreie rosa Haut gebildet. Sechs Wochen hatte das damals gedauert. Noch Jahre später zeigte E. J. seine unversehrte Hand, wenn er der Mutter begegnete. Und beide lachten dann. Es war ein Gefühl von Befreiung und erlebtem Wunder. Es gibt nicht nur die Hölle. Es gibt auch den Himmel.

Mit welcher Hoffnung steuerten die fremden Leute aus der Umgebung wie selbstverständlich ihr Haus an? Das war doch nicht ihr Zuhause! Das war schon merkwürdig. Man war sich bei aller Nachbarschaft doch auch fremd und fern. Aber für die Familie von Theresia war es immer selbstverständlich zu helfen.

Die Not fragt nicht und wägt nicht ab, sie trägt die Menschen über fremde Türschwellen und alle Hemmungen hinweg an ihr Ziel. Die Not setzt immer auf die einzige Karte und bewegt damit die Welt. Als wenn die Not Brücken über alle Abgründe des Zweifels und der Fremde schlagen könnte. Theresia erinnerte sich an keine Geschichte, bei der ein Mensch vergeblich vor der Tür stand und wieder weggehen musste. Ganz früher waren Eingeweihte, die um das Heilöl wussten, aus ihren nahen Berggehöften sogar auf ihren Pferden nach Söll ins Dorf auf ihren Hof gekommen. Das war weiß Gott nicht so einfach wie heute. Das hatte oft Stunden und auch einen ganzen Tag gedauert. Und die schweren Fälle lagen auf einer Art Strohlage, die man einfach auf dem Boden des Pferdefuhrwerks gestreut hatte. Aber das war vor ihrer Zeit!

Und wie war das ganz früher? Vor ihrer Zeit, zu ihrer Mutter Annas Zeit, und im Krieg? Und davor, zu ihrer Großmutter Marias Zeit, auch im ersten Weltkrieg, und zu allen anderen früheren Zeiten, die Theresia längst aus der Erinnerung verloren hatte? Wie war es da? Und wie war das in all den Jahrhunderten zuvor bis ins frühe Mittelalter gewesen, wohl zu deren Müttern und Großmüttern Zeiten? Wie waren sie da zu ihnen gekommen? Der Ruf des Wunderöls reichte wohl nur soweit, wie die Pferde an einem Tag laufen konnten.

Ihre Familie und ihr wundersames Öl jedenfalls waren die immer weiter gereichte Adresse für eine letzte Hoffnung. Immer, wenn das Feuer, das Wasser, das glühende Schmiedeeisen oder die heiße Milch die Haut eines Menschen zerstörte, kamen sie zu ihnen. Heiße Milch bei den Kindern und kochendes Bitumen, das waren die größten Feinde. Ihr Onkel S., der im nahen Wörgl vom brennenden Bitumen fast umgebracht wurde, weil er lichterloh mit seiner ganzen Arbeitskleidung brannte, war vom Gerüst sogar in einen nahen Swimmingpool gesprungen. Solche modernen Pools gab es noch ganz selten. Das hatte er bei den Familientreffen nicht nur einmal erzählt. Das wurde mit den Jahren beim Wieder- und Wiedererzählen eher eine Heldengeschichte als eine demütig erlebte Wundergeschichte. Onkel S.' Sprung mit voller Montur in den Pool! Wie er patschnass mit Verbrennungen an Armen, Beinen und Brustkorb ins Krankenhaus kam, aber erst zuhause durch das Heilöl gesund wurde! Das Öl war für alle immer die letzte Rettung! Wie man mit den Pferden zum Hufschmied ging und mit der leeren Milchkanne zu seinem Bauern, so selbstverständlich ging man mit seinen Verbrennungen aller Art zu Theresias Vorfahren und ihrer Familie und fragte um Hilfe und ein wenig von dem kostbaren Öl.

Das Öl war hier kein Geheimnis und es sollte auch keines sein. Und so hatte das heilende Öl über alle Zeit schon seinen Platz in der Natur- und Volksapotheke der näheren Gegend. Hier in Söll in Tirol und Umgebung musste man sich auch heutzutage noch nicht rechtfertigen für sein mittelalterlich anmutendes Heilöl. Hier wurde man nicht verspottet. Wieso auch? Dafür war kein Platz. Da sprachen die geheilten Wunden für sich. Und für das sanfte heilende Öl sprachen dann die Menschen. Aber eben nur hier im Dorf und nicht oben den Fluss aufwärts in der Stadt. Nicht in Innsbruck, der Hauptstadt Tirols, erst recht nicht in der Universitätsklinik, bei den Professoren, Ärzten und Spezialisten, die in den letzten Tagen und Wochen Interviews für alle TV- und Radiostationen der Welt gaben. Was würden die zu ihrer Idee von dem Familien-Öl sagen? Wie reagierten die auf ihr mögliches Hilfsangebot, das sich jetzt immer lauter in ihr zu Wort meldete? Unmöglich! Bei ihnen würde das Öl an seine Grenzen stoßen. Ein alter, wahrscheinlich sogar kontraindizierter, septisch wirkender Tiroler Bauernspuk ohne jede Evidenzstudie würde ihnen da telefonisch angeboten. So etwas schien ja auch dann und wann wirklich vorzukommen.

Medizinisch einzuordnen wäre die gepriesene Wirkung höchstens noch in die große Placeboschublade moderner Medizin. Da tat sich ja was. Nein Danke, würde die Uni-Klinik sagen, wir haben schon und wünschen Ihnen alles Gute. Theresia schüttelte sich bei dem Gedanken. Sie wollte sich nicht bei der Uni-Klinik um eine Stelle bewerben. Sie wollte helfen.


Und dann hatte Theresia als ehemalige Fachlehrerin des Landes Tirol ja auch noch zu allererst ihren guten Ruf zu verspielen. Nicht wegen des Öls machte sie sich also Sorgen. Das Öl, wenn man es nur ließe, spräche schon für sich. Wie es all die Jahre und Jahrhunderte für sich gesprochen hatte. Das eigentliche Problem lag woanders! Wenn sie, Theresia aus Söll am Kaisergebirge bei der Uni-Klinik anrufen würde und sich dort meldete, wie würden die reagieren? Sie lief Gefahr, sich gehörig zu blamieren. Nicht das Öl machte sie unsicher. Da war sie sich sicher. Unsicher machte sie sich selbst und das verzerrte Bild, das andere von ihr haben würden. Wenn überhaupt, dann musste sie sich innerlich stärken. Und sie kramte noch einmal ein paar Geschichten raus.

# Geschichten heilen

Die unzähligen Geschichten von den wunderbaren Heilungen durch ihr Öl hatte sich die Familie ja all die Jahre erzählt und auch erlebt. Später waren sie dann sogar aufgeschrieben und von ihnen gesammelt worden. Meistens hatten die Hilfesuchenden selber alles geschrieben oder einer von ihren Angehörigen. Es gab auch Berichte von einzelnen Ärzten und Betroffenen mit Korrespondenz dazu. Das waren immer sehr innige Zeilen. Manchmal nur wenige Worte. Mühsam geschrieben von schweren Händen, die ganz offenbar das Schreiben nicht gewohnt waren, denen aber diese paar Sätze so wichtig erschienen, dass sie alles gaben. Und dann waren es wieder ganze Geschichten in alter deutscher feiner Schrift. Sie waren meist von Frauen aufgesetzt. Als wenn die Menschen mit ihrem Dankschreiben dem Öl irgendwie und auf ihre Art und Weise etwas zurückgeben wollten. Es war ihr öffentlich geäußerter Dank als Ausgleich für das Geschenk der stillen Heilung. Wenn man es las, klang der Dank oft wie eine Art Bekenntnis, das gegen den Rest einer ungläubigen Welt oder einer Welt voller Ungläubiger verfasst wurde. Ja, irgendwie waren es standhafte Bekenntnisse gegen den Rest einer ungläubig dreinschauenden Umwelt. Hier ist meine geheilte Wunde! Hier stehe ich, ich kann nichts anderes erzählen als das, was wahr ist! Und die Heilige oder das Heilende, zu dem man sich bekennen wollte, war das Öl. Es gab unter all den Schreiben, Zetteln und alten Briefumschlägen sogar einen Hilfesuchenden aus Australien, vom anderen

Ende der Welt. Was insofern etwas Besonderes war und alle erstaunte, als doch das Wissen um das Geheimnis des Öls der Familie auf die engen Grenzen ihrer Tiroler Heimat beschränkt schien. Irgendein Patient hatte wohl Öl aufbewahrt und weitergegeben.

Und später dann lagen all diese Schreiben unten im Wohnzimmerschrank. Dann und wann kam dann mal wieder eines dazu. Es waren Dankesschreiben, viele Fotos, ganze Fotoreihen. Es waren Fotogeschichten von sich langsam schließenden Wunden. Da und dort mit einem gekritzelten Datum am unteren Bildrand. Aber der größte Dank, der in keine Worte zu passen schien, steckte immer im Lob auf das goldene Öl. Da war auch immer wieder von einem zweiten Geburtstag die Rede. «Wiedergeboren» sei man und immer wieder erzählten sie vom goldenen oder himmlischen Öl. Und immer neue Namen dachten sich die Menschen für das Öl aus. Theresias Öl sagten die wenigsten. Wund- und Heilsalbe, schrieben sie und ahmten damit den Sprachgebrauch der Ärzte und Apotheker nach. Es waren

Theresias Mama ist die zweite von links mit ihren Schwestern

Worte, die alle mit dem Herzen geschrieben wurden. Alle waren sie Zeugnisse einer tiefen Dankbarkeit. Mit dieser Dankbarkeit schienen sie ein dramatisches Kapitel ihres Lebens abzuschließen. Alles war wieder gut geworden.

Aber für die Wissenschaft waren es ja nur einfache Geschichten. Subjektive Geschichten von Menschen, die keinen Anspruch auf medizinische Objektivität stellten. Sie waren weder getestet noch ernsthaft geprüft worden. Dafür waren sie ja auch nicht aufgeschrieben worden. Welche Bekenntnisse sind schon objektiv belastbar? Sie waren sicher wichtig für die, die sie geschrieben hatten. Und sie waren auch wichtig für Theresia und ihre Familie. Und vielleicht und sicher waren sie auch für das Öl selbst wichtig, damit sich dessen Heilkraft herumsprach und somit nicht nachließ. Wundergeschichten sind wie ein Feuer, das immer wieder nachgelegt werden muss, um nicht zu verlöschen. Eine wissenschaftliche Untersuchung ist bei einem Credo nicht in ihrem Blick. Der Glaube an eine Sache bleibt ja schließlich auch nur so lange lebendig, wie sich die Gemeinde mehrt. Das gilt sicherlich nicht nur für den Glauben und das Feuer, sondern auch für den Glauben an ganz unterschiedliche medizinische Therapien. Aber Glauben allein reicht ganz gewiss nicht, um eine ganze skeptische Welt zu überzeugen.

Die ehemalige Lehrerin Theresia musste vorsichtig sein in diesen Zeiten, in denen sich die wissenschaftliche Medizin, die sogenannte Schulmedizin, von der Medizin des Volkes auf Nimmerwiedersehen zu trennen schien. Wer diese beiden Weltanschauungen komplementär sah, musste sich rechtfertigen. Wer aufsteht vom Tisch der gerade allgemeinen Übereinkünfte, muss sich rechtfertigen. Mit solchen frommen und weniger frommen Bekenntnissen würde man sich nur lächerlich machen vor der großen Welt. Die Leute in der Stadt glauben nicht mehr so wie früher die Leute vom Land hier. Sie glauben meist nicht an

Geschichten. Wenigstens nicht in ihrem Alltag! Sie sind nicht mehr geübt, in ihrem Alltag Geschichten auf sich wirken zu lassen. Liebesgeschichten allenfalls! Da spüren sie wohl noch den Zauber. Aber sonst? Geschichten brauchen schließlich Zeit, sich in ihren Wirkungen zu entfalten. Und Zeit, die haben die Menschen heute nicht. Sie können Geschichten nur schwer für sich deuten. Sie vertrauen eher den digitalen Zahlenkolonnen, Statistiken, Kurven, Kosten und deren Heilkräften. Die alte Herrschaft und Heilkraft der Buchstaben und Wörter wurde gerade durch die Herrschaft und Heilkraft der Zahlen abgelöst.

In der Stadt würden sie die gesammelten Geschichten aus der Schublade im Wohnzimmer behandeln wie die Votivbilder in den alten Tiroler Kirchen rundherum. Auf denen berichten die leidenden Menschen in Worten und Bildern von ihren wunderbaren Heilungen, ohne dafür eine Erklärung zu haben. Es ist ihnen wie ein Wunder.

Für sie sind alle diese Geschichten medizinisch und statistisch ohne jede Bedeutung. Die Geschichte vom Öl wäre für sie eine Art Tiroler Medizinfolklore. Kein Medizinprofessor aus Innsbruck würde sich lächerlich machen wollen und seine kostbare Zeit vergeuden, sich die Geschichten und alten Bilder anzuschauen oder sogar sie, Theresia, die mitfühlende Mutter, Grundschullehrerin aus der Tiroler Provinz, anzuhören.

Dass dieses Öl an diesem Abend anfing, im Konzert der uralten Schöpfungsmelodie seinen leisen neuen Ton zu finden, das hört man noch nicht heraus. Die Zeit für das Öl war reif. Es will nicht mehr von den Menschen wie ein seelenloses pharmazeutisches Präparat behandelt werden. Es hat selbst eine Seele und verfügt über die Gabe und Aufgabe, die Menschen wieder zu einem Teil einer lebendigen Schöpfung zu machen. Heilen ist mehr als die ärztliche Kunst von Behandlung, Verordnen und Verschreibung. Heilen ohne eine Geschichte zu erzählen, geht nicht.

# Die Auferstehung des Öls

Radio Tirol brachte die Nachricht von den Verbrühungen des kleinen Jungen jetzt jede Stunde neu. Aber wirklich Neues war nicht zu hören. Sollte sie vielleicht doch ihre Mutter oder die Kathi anrufen? Theresia suchte nach Ermutigung. Sie bemerkte an sich, dass sie Stunde um Stunde unruhiger wurde an diesem Abend. Sie hatte die Zeitung genommen und wieder weggelegt, der Tee war längst kalt geworden und sie hatte ihn ausgegossen. Sollte sie sich einen neuen kochen? Sie versuchte, sich auf den nächsten Tag vorzubereiten. Aber es ging nicht.

Sie wollte irgendetwas tun und tat doch das Falsche. Sie ging wieder in die Küche und ans Fenster, schaute hinaus und ging wieder ins Wohnzimmer. Der wirkliche März und sein Aufbruch schienen noch weit weg in diesem Frühling. Und wenn er auch am Tag ein paar Stunden Sonne brachte, abends kam der Winter zurück und nahm sich, was ihm noch zustand. Der Schnee türmte sich noch an den Straßenecken und vor ihrem Haus. Theresias Schritte hatten kein äußerliches Ziel, das war klar. Aber ziellos waren sie damit nicht. Die Schritte sollten sie nur schneller auf die nächste volle Stunde zuführen. Sie wollte den Dingen entgegengehen. Theresia konnte schlecht warten. Wenn man wirklich etwas erwartet, Gutes oder Schlechtes, egal, darf man nicht nur warten. Man muss der Herausforderung entgegentreten und sich irgendwie warmlaufen.

Jetzt bestätigte auch der Sender ihre Vermutung, wie wohl alles gekommen war. Es war das ewig gleiche Problem, ein Augenblick Unachtsamkeit und ein Leben voller Qualen für das Kind, sagte der Radiomoderator in einem pädagogischen und vorwurfsvollen Ton. Keiner redet von den Qualen für die Eltern. Keiner redet barmherzig für die Mutter, hörte sie sich selber sagen. Was hat ein Radiomoderator schon eine Ahnung von einer Mutter und ihrem verletzten Kind! Sollen sie doch mit ihren Moralpredigten zuhause bleiben.

Theresia ging an diesem Abend nicht ins Bett. Sie wartete wieder und wieder auf die nächste Stunde, schaltete noch einmal das Fernsehen an, ob vielleicht doch da was mit dem Kind käme. Irgendwelche Bilder aus der Klinik vielleicht. Vielleicht gab es eine erste Stellungnahme von der Universität und sie könnte sich beruhigt ins Bett legen? Aber das war wohl alles eher unwahrscheinlich mitten in der Nacht. Vielleicht war sie auch die Einzige in ganz Tirol, die sich so einen Kopf machte. Sie fiel wieder zurück in ihre Zweifel. Wie konnte sie auch nur auf so eine spleenige Idee kommen, hier helfen zu wollen! Aber wenn sie doch ehrlich war mit sich und nicht darauf achtete, was die anderen sagen würden, dann hatte sie jetzt die ganze Zeit das verrückte Gefühl, dass die Radionachricht wirklich für sie war. Sie, Theresia aus Söll/Tirol, sollte erreicht werden! Aber dieses Wissen war ebenso tief wie verletzlich. Darüber konnte man nicht reden. Durch das eine kleine Radio in ihrer Küche kam eine Botschaft für sie! Das setzte sich jetzt in ihr fest. Das eine kleine Radio von den zigtausend Apparaten, die jetzt eingeschaltet waren, sollte sie, nur sie ansprechen.

Ein bisschen angespannt kam sie sich schon vor. Eigentlich war sie mit Beruf und Familie schon genug ausgelastet.

Was wäre denn, wenn sie jetzt doch noch am Abend bei der Universitätsklinik anrufen würde? Wenn sie, Theresia

R. aus Söll in Tirol, am Kaisergebirge, sich einer möglichen
Blamage aussetzen würde? Oder wenn sie von einer un-
geduldigen Telefonistin oder einem müden Pförtner ab-
gewiesen würde? Was wäre denn dann, überlegte sie. Das
wäre sicher für den kleinen Jungen eine Katastrophe!

Aber wenn sie nicht gleich von der Telefonzentrale der
Uniklinik dankend abgelehnt würde, würde sie dann doch
spätestens von der Stationsschwester auf der Intensivstation oder von der Dermatologischen abserviert werden.
Oder liegt der Junge auf der Station für plastische Chirurgie
mit ihrem weltweit guten Ruf? Primaria Professorin H. Piza
wäre dann seine ganze Hoffnung. Die hatte vor ein paar
Jahren bei einem erwachsenen Mann die erste erfolgreiche
Transplantation von Händen durchgeführt. Bei ihr wäre
der Kleine wirklich «in guten Händen». Unter ihrer Leitung avancierte die Innsbrucker Klinik für Plastische- und
Wiederherstellungschirurgie zum Zentrum für alle operati-
ven Korrekturen von kindlichen Fehlbildungen. So hatte
sie es einmal in der Zeitung gelesen. Das beobachtete die
Öffentlichkeit genau und war ziemlich stolz auf sie. Sie war
eine Kapazität, Wissenschaftlerin des Jahres mit allen
Ehrungen, die Österreich zu bieten hatte. Eine andere Welt,
dachte Theresia, also die beste Adresse. Sie wollte endlich
ins Bett gehen.

Hauttransplantationen vom Bauch auf den Rücken
oder von den hoffentlich unverletzten Oberschenkeln,
künstliche Gaze, aseptisches Spray und immer wieder
sterile Verbände und schmerzstillende Medikamente und
Infusionen sind deren Thema und nicht eine fremde Mutter, die sich durch das Radio hatte verrückt machen lassen.

Das Kind, würden sie sagen, sei in professionellen Händen.
Unsere Spezialisten kümmern sich um das Kind. Machen
Sie sich keine Sorgen! Und vielen Dank für Ihre Bemühun-
gen! Guten Abend, gute Nacht. Und wenn sie erst morgen

früh anrufen würde, würden sie ihr einen guten Tag wünschen und sie könnte mit einer unruhigen Nacht im Rücken endlich an die Arbeit gehen.

Aber gegen diese eher nüchterne Sicht der Dinge regte sich in ihr ein unbekannter innerer Widerstand. Und wenn gerade jetzt die Zeit gekommen sein sollte, dass das Öl ihre Familie und ihr Tal als zu eng und begrenzt erlebt? Alle Welt bricht in ein neues Zeitalter auf und das Öl bleibt zurück? Was will das Öl von ihr? Wenn nun das Öl sie und ihre Familie, die es seit Jahrhunderten wie einen Augapfel hütete und dessen geheimnisvolle Rezeptur von Generation zu Generation weitergegeben wurde, als zu eng erfährt? Die Zeit der Pferdefuhrwerke und der Mundpropaganda war vorbei. Was um Himmels Willen will eigentlich das Öl? Wenn jetzt eine Zeit gekommen wäre, das Öl und sein Geheimnis nicht nur wieder einmal auf eine ihrer Töchter und damit die nächste Generation zu übertragen? Was will das Öl? Will es über uns hinaus wirken? Und sie, die Menschen, ihre Familie, Theresia selbst sollten das bewirken?

Quasi wie alle Zeit, immer von der Mutter auf die Tochter, immer in weiblicher Linie der Familie, aber über diese familiären persönlichen Grenzen hinweg, wollte das Öl heilen. Was wollte das Öl? Wenn es für mehr Menschen da wäre, über Söll und auch über Tirol hinaus? Das wäre dann allerdings neu. Das wäre dann allerdings anders. Aber das wäre ja auch leicht zu testen.

Dann würde es eben nicht so sein, dass einfach der Hörer aufgelegt werden würde. Dann würde alles anders sein. Dann liefe es wie geölt, wie geschmiert. Es wäre verrückt und heilig zugleich! Beides liegt immer so nah beieinander, dass man es nicht immer gleich unterscheiden kann. Wenn nun tatsächlich die Zeit gekommen wäre, dass das Öl, ... ja, was denn eigentlich? Will es in die Welt? Will es Erfolg? Ist es die Abgeschiedenheit der Berge und Täler hier leid? Sie müsste es nicht wissen. Sie würde einfach nach Innsbruck fahren mit dem Öl. Sie müsste es auf den Versuch ankommen lassen. Das Öl würde selbst entscheiden. Das klingt schon fremd und ungewöhnlich. Aber wo die klaren Gebirgsbäche sich wirklich murmelnd ihre Geschichten erzählen und die Espenblätter am Bach zittern und die alten und jungen Bäume sich gemeinsam nur und im Kollektiv gegen den mörderischen Westwind wehren können, und wo die Lilien aus dem Neuen Testament sich wirklich nicht sorgen um den morgigen Tag, da kann doch auch ein Öl lebendig werden. Es muss doch nur die Zeit gekommen sein.

Eine Mutter mit einem anscheinend rettenden Öl an der Pforte der Klinik ist etwas anderes als eine Verrückte am Telefon! Das kann man zwar so oder so sehen oder drehen. Aber wenn sie dort mit dem Öl dann nicht weiterkäme, dann eben wirklich nicht. Sie würde ohne Groll wieder zurückfahren. Die Autobahn war ja geräumt, neuer Schnee würde auch die Nacht nicht fallen. Es war kein Risiko. Wenn nicht, dann eben nicht! Es war ja auch nur so eine Idee, dass das Öl selbst bestimmt, was es will.

Aber wenn doch? Wenn sie trotz aller Widerstände durchgelassen würde bis zu dem Kind und seinen Eltern?

# Hingabe

Da kam ihr mit einem Mal der gänzlich neue Gedanke vom lebendigen Öl zu Hilfe. Eben erst hatte er sich zaghaft bemerkbar gemacht und nun mit einem Mal wie von Ferne alle ihre Unruhe und Unsicherheit, all ihren Zweifel weggenommen. Das Öl ist ja nicht tot. Es wirkt ja und fördert Leben und Heilung. Das Öl führt also auch ein eigenes Leben. Es hört und sieht sicher nicht wie ein Mensch. Tiere leben auch anders als Menschen und sind doch lebendig und haben eine Seele. Und Pflanzen leben ja auch und haben eine Seele. Warum nicht auch das Öl? Das Öl hat ein Eigenleben wie alles, was lebt auf dieser Welt und füreinander da ist. Und ein Füreinander bedeutet Leben und ein Gegeneinander bedeutet Tod. Und füreinander da sind wir im Grunde alle. Das Füreinander-Programm des Öls heißt heilen! Nicht sie, Theresia, würde also entscheiden, ob die Zeit gekommen wäre für das Öl, sondern das Öl selbst würde entscheiden. Sie müsste nur wie bei allen scheinbar großen Entscheidungen im Leben die Dinge aus der Hand geben und sich vertrauensvoll in Dienst nehmen lassen. Das Öl würde entscheiden oder die Kraft, die das Öl auch in den Dienst nimmt. Oder der Zeitgeist oder Gott oder das große Ganze oder wer durch das Öl oder was auch immer die Welt zusammenhält. Er würde entscheiden. Oder er hatte längst entschieden. Statt Zurückweisung und «Punkt» und einfach den Hörer auflegen und «basta» würde sie endlich ein Art «Amen» spüren. Es ist ein weites Gefühl,

willkommen zu sein. Sie klopft an und es wird ihr auf-
getan. Es ist, was es ist. Es sei, wie es sei! Alles kommt immer pünktlich und zu seiner Zeit. Das war im Grunde ihre
Erfahrung. Wie lange muss man leben und wie alt muss
man werden, um ein paar solcher heiligen Augenblicke in
seinem Leben bewusst mitzubekommen und zu bekennen?
Solche lichten Augenblicke können endlose Dunkelheiten
erhellen.

Sie war ehemals Lehrerin an der Grundschule, unterrichtete Religion und wusste nur zu gut, wie schwer es den
Menschen von heute fällt, so ein tiefes «Amen» und Akzeptieren zu sagen. Es fällt den jungen Leuten wie den
Alten immer schwerer, auch nur so ein Ausatmen, so eine
Art «Amen, so sei es!» zu fühlen. Die Menschen von heute
glauben nicht daran, dass das Leben vom Vertrauen lebt.
Das Sichtbare lebt aus dem Unsichtbaren. Das Helle
kommt aus dem Dunklen. Die Bäume vertrauen ihren
Wurzeln. Da sind wir Menschen doch nicht anders! Die
jungen Leute sehnen sich zwar nach aller Art von Hin-
gabe und doch fürchten sie sie gleichermaßen. Aber wollen sie das auch vor den anderen bekennen? Die jungen
Leute glauben in der Regel sogar daran, dass Liebe und
Leben etwas mit Aktivität und Vitalität zu tun hat. Aber
sie glauben doch nicht, dass man damit glücklich und
erfolgreich wird, wenn man irgendeiner Idee oder einer
Sache oder einem Menschen dient und «Ja und Amen»
dazu sagt? Was soll sie da als ehemalige Lehrerin schon
sagen, ohne als Moralpredigerin missverstanden zu werden? Manchmal hat sie dazu in der Schule einfach ein
paar Atemübungen mit den Kindern gemacht. Das
«Amen» entspannt mit seinem langen «a». Und das «Basta» mit seinem kurzen «a» sagen war so voller Druck und
Anspannung und Verhärtung. Aber für die meisten Kinder hatte das alles nichts mit Religion zu tun. Es war mehr

etwas für den Sport oder Musik. Aber es gibt nichts Entspannenderes als «Amen» zu sagen und zu leben. Immer wieder, jeden Abend und einmal wohl auch ganz sagen wir in unseren Herzen «Amen», um zu entspannen. Und dann folgen wir unseren müden Augen in die Nacht, geben alle Kontrolle auf und werden doch erfrischt. Dieses Ausatmen und «Amen», diese tiefe Entspannung, die das plötzliche Zusammenzucken und Vernarben gegen sanftes Akzeptieren tauscht, hatte was vom Charakter des Öls. Öl ist Ausatmen. Öl ist entgiftend wie der Atem. Immer wenn man sich ergibt und die weiße Fahne hisst, entspannt sich der Schmerz, um endlich alles geschehen zu lassen, was eh geschieht.

Kein Wunder: Das Öl war seit alters her, seit der Antike und davor, das große und einzigartige medizinisch, spirituelle Symbol für ein großes «Amen». Das Öl symbolisierte bei der Sintflutgeschichte aus dem Alten Testament mit dem Olivenzweig ein Ende des Schreckens. Es entspannte die Situation entscheidend. Und als Olivenzweig schmückte es die olympischen Sieger nach der Anstrengung des Kampfes. Öl war nicht nur ein Heilmittel im strengen pharmazeutischen chemischen Sinn. Öl wirkte tief ins Unterbewusstsein des Menschen hinein. Öl drang bis in die Kindheit einer Seele vor. Öl war das antike Mittel der Wahl, um einen König aus dem Volk emporzuheben und für die Ewigkeit und Zeitlosigkeit zu salben. Mit Öl und Fetten präparierte man einen Verstorbenen für die Ewigkeit. Mit dem Öl und seinen Anwendungen kam in den profanen politischen Ablauf der Zeit etwas Ewiges hinein. Das Öl entrückte den mit Öl Gesalbten aus der Masse und Menge der Gewöhnlichen und Sterblichen. Wurden die Pharaonen nicht mit kostbaren Ölen gesalbt? Und was war mit Jesus und dem kostbaren Öl gewesen, das ihm eine fremde Frau auf Füße und Beine einmassierte? Öl hatte immer schon etwas Himmlisches. So sanft, wie seine Heilkraft daher kam. Wie ein leises Einflüstern war es, das diesmal nicht über die Ohren, sondern über die Haut kam. Öl kam nicht mit Gewalt. Es kam leise und von Ferne und nahm alles Gift. Und das leise «Amen» war der Ausdruck dafür, dass ein Mensch bereit war, es anzunehmen, wo sonst alle seine Kraft an ihr Ende gekommen war.

Theresia schaute durchs Fenster Richtung Innsbruck. Die unbekannten jungen Eltern in der Plastischen Chirurgie in Innsbruck würden jetzt ganz bewusst oder unbewusst wohl nur noch «Amen» sagen. Sie würden auf dem Gang der Notaufnahme flüstern und beten. Sie würden am Bett des Kleinen betteln und bitten. Und sie würden beim Auf- und Abgehen in dieser Nacht und dem Warten auf die Ärzte ihr Hirn mit Selbstvorwürfen martern. Egal wie jung sie noch sind. Manche Erlebnisse lassen Menschen in Sekunden altern und ganze Lebensstufen überspringen. Und dann rufen und beten auch sie. Und sie beten und rufen, bis sie auch damit erschöpft sind! Die fremde Mutter und wahrscheinlich auch ihr Mann – oder war sie allein ohne ihren Mann – wären sicher soweit. Da änderten auch die zweireihig geknöpften weißen Kittel der Professoren und Oberärzte nicht viel dran, an die sie ihre äußere Hoffnung hängten und die doch das Personal einer anderen klinischen Gottheit zu sein schienen, die ihre Grenzen hat, und der Wunder fremd geblieben sind. Die junge Mutter, die das spürte, hatte innerlich und instinktiv längst umgeschaltet auf «Amen». Nur Gott heilt! Zwischen den Vorwürfen, die sie sich immer wieder machte, würde sie dem Lieben Gott und der Heiligen Jungfrau Versprechungen machen, damit nur alles wieder gut würde. So war sie sicherlich. Sie war so, weil wir alle wohl so gestrickt sind. Ja, es stimmt!

Theresias Familie hatte es oft genug so erlebt mit all den Menschen, die bei ihnen und ihrem Öl Rettung suchten. Im Grunde heilt der oder das, was wir «Gott» nennen.

Wer an die Grenze seiner Möglichkeiten kommt und den Abgrund spürt, ruft «Amen!» Und dann hofft er und lauscht, dass es irgendwie weitergeht und zweifelt nicht daran, dass Engel Flügel haben. Wer da nicht glauben und vertrauen kann, und nicht hofft, und eben nicht über dem Abgrund noch vertraut, der spannt mit seinem Herzen keinen unsichtbaren Bogen über dem Abgrund. Der macht mit seinem Herzen ein Ende. Und mit diesem selbstgemachten Ende, mit diesem Basta, stürzt man in die Tiefe. Beim «Basta» sagen lässt die Spannung zu früh nach. Es ist wie mit den Verstorbenen und Schlafenden, die ohne ihre eigenen Anspannungen des Herzens, der Seele und der Muskeln doppelt schwer zu Boden gehen.

Familienfoto von Theresias Großeltern, Anna hinten rechts stehend

Theresias Mama in der Mitte mit ihren beiden Schwestern

# Das Mysterium

Theresias Familie aber und ihre «Patienten» sagten all die Jahrhunderte nur «Amen» und vertrauten dem Öl, wie wenn es wie ein Engel sanft seine schützenden Flügel ausbreiten könnte. Das heilende Öl hatte, soweit man die Geschichte der Familie zurückverfolgen konnte, ihr ganzes Schicksal bestimmt. Eine Legende, die sie immer wieder erzählen musste, glaubte zu wissen, dass das Öl ungefähr im Jahre 1350 zu ihnen in die Familie kam. Aber historisch war das wohl kaum haltbar.

Anno Domini 1350, das war doch tiefstes Mittelalter! Bis dahin reichen seriöse Quellen selten zurück. Aber irgendwann und – wie war es ja nun doch zu ihnen gekommen, in wohl grauer, oft nicht mehr aufzuklärender Zeit und Umständen. Wo immer es herkam und wie immer es den Weg zu ihrer Familie gefunden hatte, es hatte sie zu einer ganz besonderen Familie werden lassen. Der Umgang mit den Kranken, die Anteilnahme an den großen und kleinen Katastrophen, das sanfte Öl und das nicht aufhörende Wunder der Heilungen, all das war eine Kraft und tat seine Wirkung auf sie alle! Sie vertrauten dem Öl über alle Zeiten und Unzeiten hinweg. Das Öl sorgte für ein inneres Wachsen in ein göttliches Vertrauen hinein. Alles kann gut werden. Heilung war möglich. Und das göttliche Vertrauen sorgte wiederum für ein alles sanft umfassendes Gefühl des Vertrauens in alles, was lebt. Dieses Urvertrauen wirkte eben wie Öl für sie alle. Es unterschied nicht zwischen Guten und Bösen, zwischen Schuld und Unschuld. Es breitete sich als Schutzfilm über die Haut der Menschen aus, die danach verlangten. Das Öl nahm die Menschen so wie sie kamen und um Hilfe nachsuchten. Dem Öl waren sie alle gleich. Es war barmherzig. Es breitete wie ein Pallium seinen schützenden Mantel über alles gleichermaßen aus. Es schaute, wenn es denn schauen konnte, immer auf den Einzelnen. Und das göttliche Öl würde auch in dieser Nacht bestimmen, wo es für Theresia langging.

Sicher, es war nur Öl, oder besser gesagt – und auch in der Kälte der Tiroler Winter sichtbar –, es war oft weniger ölig dickflüssig, als vielmehr gleich sorgsam abgeschöpftem Butterfett von den Milchkühen von der Sommeralm der Tiroler Heimat. Nichts Besonderes auf den ersten Blick.

Wirklich nichts Besonderes? Erst recht nicht von heute aus betrachtet, wo man doch aus der ayurvedischen Medizin weiß, dass allein schon «Gee», das auf heißer Platte geklärte Butterfett der Milchkühe in den Bergen Tibets vor 5000 Jahren eine Universalmedizin darstellte. «Gee» verordneten die alten Tibeter und Ayurvedaärzte sowohl innerlich und äußerlich. Man tat es in die Speisen, mit Gee spülte man den Mund und spuckte das von ihm gelöste Gift aus. Und genau wie dort im Himalaja war es hier in Tirol immer wieder vorgekommen, dass die Hilfesuchenden einen Löffel von dem Öl auch zu sich nahmen. Mit dem Zwiebelauszug würden die Schulmediziner auch keine Schwierigkeiten haben. Zwiebelsud war immer schon das Mittel der Wahl in der Volksmedizin bei Insektenstichen und Erkältung gleichermaßen gewesen. Und in heiße Leinentücher verpackt und auf den Brustkorb gelegt, half es auch tieferliegende Entzündungen zu kurieren.

# Die Ägyptische

Blieb noch das ägyptische Kraut. Das fremde Kraut und seine ungeklärte Herkunft dürften nicht nur bei den Ärzten in der Klinik für Verwirrung sorgen. Die fremde Pflanze mit ihrer zwiebelknolligen Wurzel hatte immer dafür gesorgt, dass das Öl seine geheimnisvolle Aura behielt. Sie war für viele ihrer Landsleute hier exotisch und fremd. Und so blieb eine durchaus heilsame Distanz, die die ferne Pflanze ausstrahlte, und tief in die Seelen der Kranken ausstrahlte. Die Familie hatte die Pflanze ja immer besonders vorsichtig, wie eine Art Familienmitglied, behandelt. Sie hatten sie wie eine Heilige verehrt. Um das Öl herum gab es immer eine besondere Aura, eine Art Ausstrahlung. Es hatte etwas Heiliges.

Es war immer eine Weihe und Stille im Raum gewesen, wenn sie aus dem geschützten Bauernhauskeller mit der Außentreppe in die warme Wohnstube geholt wurde. Theresia fragte sich, ob sie das noch in Innsbruck würde erzählen können und auf ein allgemeines Verstehen zählen könnte? Eher weniger als mehr! Eher nein als ja! Die Pflanze mit ihrer wohl ägyptischen Herkunft, die ihre Familie über ein halbes Jahrtausend jedes Frühjahr aus dem Keller holte und jeden Herbst wieder reinholte ins Haus, und die sie pflegte wie ein Familienheiligtum, schien irgendwie erklärungsbedürftig, wenn nicht verschroben verrückt. Sie war ja eine Art Familienheilige. Das war schon schwieriger zu erzählen und zu verstehen. Es war ja jedes

Frühjahr eine kleine unbewusste Prozession gewesen. Aber sangen sie zu Fronleichnam nicht auch den heimischen Pflanzen auf den Feldern ihre heiligen Choräle und Gebete zu? Die Kirche hatte aus dem alten Fest der Feldersegnungen ein Fest für die heilige Monstranz gemacht, die sie nun durch die Felder trug.

Mit einer Art Monstranz aus einem unscheinbaren irdenen Gefäß hatten sie ihre Pflanze, wenn der Schnee auf den nahen Bergen endlich geschmolzen war und auch mit seinen niedrigen Temperaturen nicht mehr des Nachts unvermutet durch die Täler zog, wieder nach oben an die Sonne geholt. Wie eine kleine private Prozession und Wallfahrt war das immer gewesen, wenn der fremde Zwiebelknollenstrunk halbvertrocknet neben den Geranienknollen, aber doch so lebendig wie diese, wieder aus dem Keller in das Licht zurückgetragen wurde. An der Südseite des

Theresias Mutter an der Zither

alten Bauernhauses wurde damals schon die Knolle in ihrem Topf auf ihren angestammten Platz gesetzt. Dort war sie geschützt vor dem Nordwestwind und konnte neue Energie und Leben tanken. Und wenn der Herbst sich Ende September mit den ersten Herbstwinden ankündigte und die ersten Blätter von den Bäumen riss, dann schnitt Großmutter Maria und später auch Mutter Anna ihre geheimnisvolle Pflanze wieder bis auf die Wurzeln runter. Den Tontopf mit der Wurzel aber, den brachte sie in den schützenden Keller. Ihre Heimat, Ägypten, ist eben nicht Tirol, sagten Großmutter Maria und Theresias Mutter Anna immer wieder.

Ihre Mutter Anna hatte dann irgendwann die Aufgabe von der Großmutter übernommen. Wann genau, daran erinnert sie sich nicht. Im Haus verschoben sich mit den Jahren die Aufgaben ohne großes Theater. Es war ja auch keine Art Einweihung und Initiation nötig, wie es oftmals bei den Gesundbeterinnen der Gegend erzählt wird. Da sucht die Eingeweihte zu ihrer Zeit ihre Nachfolge aus. In Theresias Familie war das nüchterner. Irgendwann war ihre Mutter Anna in die Fußstapfen ihrer Mutter Maria getreten und würde es bei Zeiten wiederum ihrer Tochter, der noch jungen Theresia übertragen. Wiewohl das nicht ganz so nüchtern vonstattenging, wie sie oft erzählte. Mutter Anna mit ihren fünf Kindern war eher praktisch. Sie war kurz vor dem Krieg geboren und hatte durchaus eine Berufungsgeschichte, wie sie oft von den Heilkundigen und Berufenen erzählt wird. Nur war diese Geschichte weniger mit himmlischen Boten, Visionen und Auditionen verknüpft als mit einer eigenen Verbrennungserkrankung.

Berufungen gehen nicht immer schmerzfrei vonstatten. Der Jakob aus dem Alten Testament hinkte seit seiner Berufung. Und Mutter Anna erzählte, dass sie wohl acht Jahre gewesen sein muss, als sie sich selbst als kleines Mädchen mit einem Topf heißer Milch verbrannte. Die Milch lief unter dem Nachthemd den Rücken hinunter bis zu den Kniekehlen. Früh am Morgen war sie mit ihrer Mutter aufgestanden, um den großen Milchtopf für die ganze Familie auf dem Feuer zu kochen. Und da war es eben passiert. Und auch sie wurde mit dem Öl behandelt und nach ein paar Wochen war alles wieder gut. Aber als Berufungsgeschichte, in der kommenden Generation sich für das Öl einzusetzen, konnte sie das nicht sehen. Sicher, eigene Erfahrung stärkt die Überzeugung, dass alles gut wird. Aber muss man in allem gleich Höheres vermuten? Ihre Mutter hatte sie ausgesucht. Und die Heilkraft des Öls reichte ihr.

Wiewohl, da war dann schon etwas Feierliches dran, wenn die «Ägyptische» eingehüllt wieder in den Keller kam. Großmutter und später Mutter Anna hatten einfach abends davon fast beiläufig berichtet, dass die Pflanze wieder im Keller war und ihr in der Dunkelheit nichts passieren dürfe. Nicht jeder aus der Familie machte das Licht an, wenn er für ein paar Lebensmittel in den Keller sprang. Die Frauen sagten es, als wenn es alle von uns wissen müssten, um die Verantwortung dafür gemeinsam zu empfinden und um sie jetzt für eine Winterzeit wieder ruhen lassen zu können. Da war eine Achtsamkeit, die offenbar über die Generationen hinweg eingeübt werden musste. Und so hatte sie, Theresia in der wievielten Generation es dann auch gehalten.

«Ägypten», da war sie sicher, das würde sie dem Primarius an der Uniklinik nicht «verkaufen» können. «Ägypten» klingt in unseren christlichen Ohren immer auch gleich nach Jesus und Maria, nach «Flucht nach Ägypten» und die dortige wundersame Rettung durch einen Engel. Ägypten klingt immer nach Mysterium und Heil. Das ist nichts für das einundzwanzigste Jahrhundert und für das dritte,

vierte Jahrtausend nach Ägyptens Blütezeit! Reminiszen-
zen an das alte Ägypten und seine Kulte sind zu viel für
Mediziner und ans Evaluieren herangeführte Studierte,
deren Herz möglicherweise auf der Strecke der universitären Ausbildung blieb. Das vermeintlich historische Interesse an den Totenkulten der Ägypter hatte deren Weisheit
und Erfahrung auf dem Gebiet der Medizin verschluckt.
Irgendwann müsste man mal die Botaniker von den Universitäten an die Ägyptische Pflanze heranlassen. Wenn
die Botaniker Zeit haben und sich für einen Alpenötzi und
jedes Korn in seinen alten vertrockneten und vereisten
Ledertaschen interessieren, und was sich da alles über fünf-
tausend Jahre gehalten hat, dann dürfte sie sicher auch ein
lebendiges Kraut interessieren, das es so hier in diesen Brei-
ten überhaupt nicht gibt. Irgendein botanischer lateini-
scher Name wäre doch auch irgendwo auf der Welt für ihre
heilige Pflanze reserviert!

Und wenn sie das Kraut irgendwo dann in Ägypten fän-
den und nachweisen könnten, wäre es dann überhaupt
noch dasselbe Kraut wie das im Tontopf aus Tirol? Vielleicht verändert sich ein Kraut genauso wie ein Mensch,
wenn man gemeinsam über ein halbes Jahrtausend so eng
unter einem Dach zusammen lebt? Vielleicht wird man
sich ähnlich? Bei Tieren kann man das doch beobachten.
Warum sollte das nicht auch für Pflanzen gelten, auch
wenn man es nicht so genau sehen könnte? Die Ägyptische Pflanze verdankt den Tirolern ihr Leben und die Tiroler verdanken ihr unser besonderes Leben. Das prägt doch.
Wir sind ein Teil dieser Pflanze und sie ist ein Teil von uns!
Sie lebt und kommuniziert mit uns wie die kommunizie-
renden Röhren aus dem Physikunterricht. Denn dass die
Pflanzen auf ihre Art kommunizieren, das weiß heute jedes
Schulkind, spätestens in der zehnten Klasse. Nicht um-
sonst spricht man neuerdings von Botenstoffen! Es gehört
zum Lehrstoff in Biologie und Biochemie. Aber ist das auch

den medizinischen Köpfen und Koryphäen wichtig? Was könnten die damit anfangen?

Theresia hatte sich entschlossen. Sie würde morgen in aller Frühe in der Klinik anrufen. Sie vertraute ganz dem Öl und nicht mehr ihrer zögernden und zweifelnden Vernunft. Es könnte ja tatsächlich sein, dass die Zeit des Öls gekommen ist. Der Most, den sie im Keller lagerten, schlief auch den ganzen Winter über wie tot und wurde doch in jedem Mai zur Apfelblüte wieder unruhig, wie wenn er nicht verdorben war in der Kelter. Woher wusste der Wein, wann es Zeit war? Gibt es Verbindungen zwischen Tod und Leben, die wir nicht kennen?

Und woher wussten die Rotweinflecken in den Tischdecken, wann sie trotz aller Mühen beim Waschen bleiben konnten oder gehen mussten? Wartet bis zum Herbst, da geht der Fleck wie von selbst raus, sagte die Mutter immer. Und wie der Wein so die ägyptische Pflanze? Warum sollten die Pflanzen sich ausschließlich an dem zunehmend langen Licht der Jahreszeit orientieren und nicht in viel größeren Zyklen? Vielleicht war die Zeit reif geworden? War früher das Dorf für die hier lebenden Menschen die ganze Welt, die sie ihr Leben lang nicht verließen, so war heutzutage die Welt auf dem besten Weg, zu einem einzigen Dorf zusammenzusurren. Jeder konnte mit jedem sogar noch schneller in Verbindung treten als es die Vorfahren im Dorf und am Fluss je konnten. Und das Öl beansprucht auf diesem Weg in die Globalität seinen Platz. Es könnte doch sein. Theresia machte das Radio aus und ging ins Bett.

# Der Durchbruch

Wenn wir Menschen uns erinnern und uns gegenseitig unsere Lebensgeschichten erzählen, dann sind diese Geschichten immer voller Helden und Opfer, voller Zufälle und Wunder, voller Schicksal und Errettung, voller Tod und Auferstehungspuzzles. In der Erinnerung wächst alles aufeinander zu und dann zusammen. Es scheint der Erinnerung, als wenn alles zusammenwächst, weil es zusammengehört. Wie Puzzleteile, die über die Jahre unverdaulich und unverständlich nebeneinander stehen und sich im Alter aus einer weisen Laune heraus ordnen, ohne dass irgendeine Menschenseele etwas dazu getan hätte. Unsere Geschichten ordnen sich von selbst. Und was früher ein grausames Schicksal gewesen zu sein schien, wird mit den Jahren wie ein von Ferne geschicktes Salus, ein Heil. Zufälle fallen einem Menschen zu, wie wenn sie zu ihm gehören. Fragt sich manchmal nur, wer da so zielsicher wirft? Aber reicht es nicht, dass wir zielsicher getroffen werden und die Dinge und Menschen sich fügen? Es gibt eine Ordnung in dem Chaos des Lebens.

Wenn sich Theresia Jahre später daran erinnert und erzählt, wie sie zu dem Jungen und zu seinen Eltern vordringen konnte, dann war das so ein ihr ganzes Leben wendendes Wunder gewesen. Ein Zufall oder auch Schicksal für alle, die daran beteiligt waren. Es war ein geschicktes Salus, ein Heil, das man annehmen musste, damit es wirkt.

Theresia sagte morgens am Telefon nur, dass sie gerne den diensthabenden Primarius oder die Primaria sprechen wollte, der für Verbrennungen und für Hauttransplantationen zuständig sei. «Moment bitte, ich verbinde». Dann war sie in der Leitung bei einer ganz freundlich klingenden Stationsschwester gelandet, die wissen wollte, in welcher Angelegenheit sie denn anrufe. Da, da war sie dann wieder, die Furcht! Für einen kleinen Moment war sie da, die Furcht, zurückgewiesen zu werden! Aber als sie von dem verbrannten Jungen anfing zu erzählen, wurde sie gleich mit der zuständigen Professorin, Frau Univ. Prof. H. P. verbunden.

Es war tatsächlich die Frau Professor, von der ganz Österreich redete. Es war unglaublich. Theresia schilderte kurz ihr Anliegen. Und die berühmteste plastische Chirurgin der Welt ließ sie nicht abblitzen, sondern stellte direkt die Verbindung zum zuständigen Primar Prof. H. H. und einem seinem Oberarzt Dr. M. Ö. her.

Univ. Prof. H. H. war genau einer der Professoren, die wegen ihrer Forschung an dem Eismann momentan auf allen Sendern waren. Einer, den alle kannten. Und vielleicht war es das Projekt mit der Gletschermumie im Klinikum, diese auch medizinhistorisch fesselnde Arbeit, die ihn und sein Interesse für eine andere Medizin geweckt hatte. Es musste hier in der Gegend vor aller universitären Schulmedizin natürlich auch eine andere Medizin gegeben haben. Das bewies doch die Eismumie einmal mehr. Es musste eine Medizin des Volkes und der Völker gewesen sein, in jedem Dorf vielleicht anders. Und auch in den Jahrhunderten anders. Andere Menschen, andere Sitten, andere Zeiten, andere Medizin. Die Wirksamkeit einer Medizin hing sowieso weit mehr von der Zustimmung der einzelnen Gruppen ab, als man gemeinhin wahrhaben wollte. Es musste in unserem Fall eine Mischung aus Phytotherapie und Ritual sein. Es muss in unserem Unterbewusstsein einen Glauben geben, gegen alle Widerstände gesund werden zu können. Das lehrte der geheimnisvolle Mann aus dem Eis schon, ohne dass man ihn unters Mikroskop oder in das MRT legen musste.

Wer wie Univ. Prof. H. H., ein Primarius in seiner Medizin, in den Keller des gesammelten Wissens steigen muss, um fündig zu werden, der muss sich überall auch nach Methoden und Therapien umschauen, vor denen sich der Zeitgeist fürchtet und schüttelt, um gleichzeitig zu staunen, dass es funktioniert hat. Wer das verinnerlicht hat, der hört einer Frau mit einem alten Wissen anders zu. Was hatte Ötzi, der Eismann in seinem Lederbeutel? War das eine Pflanzenmedizin gegen sein Fieber? Was waren das für seltsame Tätowierungen an seinen Armen und Schultern? Glaubte man damals mit einer tief das Unterbewusstsein treffenden Magie an die Heilkraft der Zeichen? Und was erzählte die Frau aus dem nahen Söll am Wilden Kaiser von einem besonderen Öl? Am besten, sie käme kurz vorbei, da würde man sehen. Es war ja nicht weit.

Und er hört sich in groben Zügen und auf die Schnelle die Geschichte von Theresia an. Sie weiß, dass sie sich kurz fassen muss. Der Professor erfasst darum eher wohl alles mehr instinktiv als rational. Er fragt nicht groß nach und bittet die Frau am Ende der Leitung, so schnell wie möglich mit dem Öl nach Innsbruck zu kommen. Wann sie da sein könnte, will er noch wissen. Eine Bedingung allerdings formuliert er gleich am Telefon: Sie beide müssten, wenn sie das kostbare Öl denn dann wirklich applizieren wollten, erst die junge Mutter Claudia und den Vater Herman des Kindes um Erlaubnis fragen. Aber die schienen dafür durchaus offen zu sein. Ohne deren Genehmigung liefe gar nichts. Aber wenn sie ganz authentisch den Eltern die Geschichte des Öls erzählen würde, stünden die Chancen nicht schlecht. Die Geschichten wären enorm wichtig! Und vielleicht auch ein, zwei Bilder, Fotos, die sie mitbringen würde, könnten hilfreich sein. Vorher- und Nachher-Bilder, am besten Fotos von einem Behandlungserfolg, dann könnte es klappen.

Es ist ja nicht nur das Öl, das hilft, so wenig wie die Medizin des Arztes allein heilt. Das ist alles nur ein oft überschätzter Teil der Therapie. Es ist ja immer das Gesamtpaket, die Geschichte des Patienten und die Geschichte der Medizin, der Arzt, das ganze Umfeld, die Familie, die Worte und die Bilder, die den Patienten beeindrucken. Glaube versetzt Berge, sagte der Doktor noch und dass es nirgendwo so viel versetzte Berge gäbe wie in der Medizin. Auch in Tirol! Da lächelt sie am Telefon und ein Rest von Unsicherheit und der Furcht vor diesen Autoritäten und Kapazitäten schwindet. Er war auf ihrer Seite.

Es sei aber auch für einen Primarius an einer österreichischen Universitätsklinik mit all den Jahren an Erfahrung auf dem Buckel nicht einfach so, dass er seine großen und kleinen Patienten behandeln könne wie er wolle. Er muss sie nach seinem besten Wissen und Gewissen, eben auch nach bestem Wissensstand der Wissenschaft behandeln. Er muss es, wie die Mediziner sagen, arte legem, also auch streng nach Vorschriften und geltenden Gesetzen tun.

Er müsse es später begründen können und dazu Fälle aus seiner Praxis und wissenschaftlichen Veröffentlichungen bemühen. Und bei dem fremden Öl mit den ungeklärten Zutaten und Beimischungen gab es ja noch nichts, was diese Therapie stützen könnte. Erst recht nicht vor einem möglichen Gericht, wenn es denn schiefgehen sollte! Und damit müsse man immer rechnen. Die Fälle würden zunehmen, sagte er noch, in denen die Patienten bei fehlendem Heilerfolg in ihrer Not dann ihre Ärzte verklagten. Als wenn man von solchen juristischen Auseinandersetzungen gesund werden könnte! Ärzte sind doch auch nur Menschen, sagt er irgendwie platt. Aber dann fügte er hinzu, dass es oft, von wenigen Ausnahmen abgesehen, weniger die Ärzte seien, die gerne Halbgötter seien, als oft genug die leidenden Menschen in ihrer Not, die fast instinktiv die Ärzte zu Halbgöttern hochstilisieren. Als wenn die Patienten tief in ihrem tiefsten Innersten wohl wüssten, dass jede Therapie einen göttlichen Segen braucht, damit sich was bewegt. Und wo kein Gott mehr ist, geben sie sich mit den Halbgöttern zufrieden. Heilungen kann man nicht berechnen. Man kann sie medizinisch anstoßen. Mehr nicht. Jeder Mensch sei anders. Jeder sei ein Wunder. Warum nicht dann auch auf ein Wunder setzen? Noch einmal: Frau Theresia solle sich, wenn sie da sei, sofort zu ihm führen lassen. Er würde dann die Eltern zu sich in sein Ordinariat bitten.

# Das Ölwunder

Der freie Wochentag kam für Theresia buchstäblich «wie gerufen». War das wieder so ein Zufall wie die schnelle Verbindung mit dem berühmten Arzt, dem Oberarzt und dem «guten Draht», den sie offenbar beide zueinander hatten? Schnell füllte Theresia ein wenig Öl ab, stieg in ihren Wagen und fuhr nach Innsbruck. Die Autobahn war frei. Sie wunderte sich nicht darüber und lächelte wissend in sich hinein.

Sie hatte gar keine Gelegenheit, ihren neuen Bekannten, den prominenten Professor allein zu sprechen. Sie hätte ihn gerne direkt gefragt, aus welchen Gründen er denn bereit war, ihre Hilfe so unkompliziert anzunehmen. Aber dafür blieb keine Zeit. Die übermüdeten Eltern des Jungen saßen schon in seinem Sprechzimmer. Sie sprachen nicht. Sie schauten zu Boden. Besonders die junge Mutter machte einen übernächtigten Eindruck. Wahrscheinlich hatte sie tatsächlich kein Auge zu getan. Immer wieder wird sie an das Bett ihres Jungen getreten sein, um irgendetwas wahrnehmen zu können. Atmet er? Schläft er? Träumt er unruhig? Und dann wird sie wieder zu ihrem Mann gegangen sein, dass der nicht von der Seite des Kindes weicht, während sie sich auf dem Flur einen Augenblick Luft verschaffen möchte. Aber dieses behutsame Einfühlen schaffte gleich einen Draht zwischen den beiden Frauen. Sie schaut erwartungsvoll hoch und steht auf. Der Arzt hatte sie natürlich angekündigt und stellte sie, als er aus seinem Sprechzimmer kam, kurz einander vor.

Was hatte er wohl schon erzählt, als er sie zu sich gebeten hatte? Und was dachten die beiden über sie, während sie auf sie warteten? Von ihr und dem Öl? Egal! Die Frauen schauten sich kurz an. Theresia überlegte, ob sie sie in den Arm nehmen sollte? Von Mutter zu Mutter sozusagen. Aber dann erzählte sie nur kurz von sich und ihrem besonderen Öl. Und die Mutter nickte ebenso kurz, als wenn sie es nicht erwarten könnte. Und Theresia erzählte, wie sie vom Schicksal des Jungen und seinen Eltern erfahren hatte. Und dann legte sie gleich los mit dem Öl in der Hand und erzählte die Legende in Stichworten vom Öl. Dabei bemerkte sie, dass sie nicht groß weiter erzählen musste. Als wenn gar nicht so wichtig wäre, was sie alles erzählen würde. Als wenn es eine innere Botschaft wäre, von Mutter zu Mutter, die keine Worte, sondern nur die rechte Stimmung treffen müsste. Sie spürte den erwartungsvollen Blick der Eltern. Das wachsende Vertrauen einer jungen, total verunsicherten Mutter zu einer erfahrenen Mutter, war spürbar. Denn dass Theresia schon vier Kinder großgezogen hatte, hatte sie gleich am Anfang erwähnt, als sie sich vorgestellt hatte. Das mit den vier Kindern schien die junge Frau zu beeindrucken. Es schien so, dass sie sich fraglos und vielleicht auch müde der Erfahrung der Reiferen anschloss. Sie war zu müde, zu erschöpft, um noch irgendetwas selber entscheiden zu wollen.

Das hingebungsvolle «Amen», das in jedem Drama auf sich warten lässt, sollte sie jetzt leiten. Und sicher auch der berühmte Arzt, der bei ihr war, alles arrangiert hatte und ihr ermutigend zunickte.

Theresia holte nun ihr Öl aus der Verpackung. Es war gar keine Zeit geblieben, den Mantel auszuziehen. Sie gab das Kräuteröl der Mutter in die Hand. Die Mutter sollte es nehmen und ihrem Kind bringen. Jetzt standen sie alle vier auf, um endlich zu dem Kind zu gehen. Auf dem Klinikflur überlegte Theresia, dass die Mutter am besten ihr schwerverletztes Kind selber streicheln sollte, es mit dem Öl berühren und es sanft auftragen sollte.

Die immer wieder aufkommende Diskussion der Dermatologen, dass man bei Verbrennungen überhaupt mit Salbe und Öl vorsichtig sein sollte, kannte sie. Sie hatte es x Mal im Radio gehört und auf den Gesundheitsseiten in den Wochenendausgaben ihrer Zeitung verfolgt. Wovon sprachen die? Die kannten alle ihr Öl nicht.

Als wenn in einem Tropfen Öl schon alles Heilende liegen würde! Und das Öl in den Händen der eigenen Mutter! Aber vielleicht waren ihre, Theresias Hände die richtigen? Sie fürchtete sich nicht vor dem leisen Wimmern des Kindes, wenn ihre warmen Hände auf den furchtbar brennenden Hautflächen das sanfte Öl auftrugen. Vielleicht wirkte ihre Erfahrung und Entschlossenheit spürbar beruhigend auf das sensible Kind. Doch alle diese Gedanken hätte sie sich nicht machen müssen. Das Öl hatte längst seine Wege gefunden und gebahnt.

Als sie auf der Krankenstation durch die automatische Glasschiebetür in den semisterilen Bereich an das kleine Bettchen des Jungen traten, schlief er. Das ist mein André, sagte die junge Mutter leise, mein Junge, und streichelte ihm sanft über die zarten dunklen Haare am Kopf. Sie schniefte kurz ihre Tränen hoch. Die schmerzstillenden Medikamente hielten das Kind wohl ruhig und bewahrten es vorübergehend vor den brüllenden Schmerzen. Der Vater stand mit dem Professor auf der anderen Seite des Bettchens. Jetzt wischte die Mutter sich mit dem Handballen die Tränenbahnen aus dem Gesicht. Es half nicht. Sie griff zum Taschentuch.

Das ist mein André! Vor gut eineinhalb Jahren hatte sie ihn erst geboren. Und nun fürchtete sie wohl, dass er ihr wieder genommen werden könnte. Da lag der Kleine nun

in seinem kleinen Klinikbett, schutzlos, auf seiner linken
Seite mit dem Kopf nach unten gebeugt. Und der kleine
feuerrote Rücken wurde von aseptischen weißen Tüchern
vor fremden Keimen geschützt. Beim Einatmen hob sich
das Leinentuch, das über den ganzen kleinen Kerl reicht,
ein wenig. Er atmet! Etwas gekrümmt lag er da. Wie wenn
er sich im Schlaf in den Leib seiner Mutter zurückträumen
würde. Aller Schutz geht von der Mutter aus!

Theresias Öl

# Die Legende

Wieder ein Kind in Windeln und das Öl, dachte Theresia plötzlich. So oder zumindest ähnlich musste es auch vor all den Jahrhunderten an der Haustür meiner Vorfahren ausgesehen haben. Die alten Bilder der Legende und die neuen Bilder von der Station vermischten sich vor Theresias Augen. Und dann wieder umgekehrt: Die Bilder von dem kleinen Jungen in weißen Kliniktüchern legten sich auf die immer wieder von der Phantasie übermalten Bilder aus der Familienlegende vom heiligen Öl, die die Großmutter ihr als kleines Mädchen immer wieder anschaulich erzählt hatte. Wann hatte sie die Geschichte zum ersten Mal gehört? Was war eigentlich ihre erste Begegnung mit dem heiligen Öl? Wann hatte das in ihrem Leben angefangen?

Da musste sie wohl ungefähr drei Jahre alt gewesen sein, als die Großmutter mit diesem unscheinbaren Ölkrug die schräge Kellertreppe im alten Bauernhaus hinaufkam. Der große Krieg, der alles zerstört hatte, war gerade ein paar Jahre vorüber. Und sie, die kleine Theresia stand oben im Freien auf dem Hof und spielte. Und jetzt, als sie die Großmutter sah, wollte sie wissen, was die Großmutter im Keller gemacht hatte und was es mit dem alten Krug in ihrem Arm auf sich hätte. Denn den alten Krug kannte sie nicht. Er gehörte nicht in die Küche.

Aber wenn die Großmutter in den Keller stieg, kam sie oftmals mit ein paar Einmachgläsern voller süßer Birnen

Theresias Öl                    Bildnachweis: ALPIN FILM Renate Ingruber

mit Zimtgeschmack oder Apfelkompott zurück. Vielleicht war in dem Krug etwas für sie, Theresia? Bei Großmutter Maria fiel immer etwas ab für die Kleine. Sie wusste, wie man die Großmutter anbettelte. Wortlos winkte die Frau ihr Enkelkind heran, nahm den dunklen Tonteller vom Krug herunter und ließ das Kind neugierig hineinschauen und tief das neugierige Näschen hineinstecken und riechen. Das war das erste Mal! Und das vergaß sie nie. Und es war eine Art magischer Moment im Leben der kleinen Theresia gewesen. Ein Moment, der sie für immer prägte. Aber wie soll sie das beschreiben?

Dabei drängte sich der Moment gar nicht auf, um tief in ihrem Bewusstsein und in ihrer späteren Erinnerung zu bleiben. Es war nur anders. Es war, als wenn es gar nicht neu war, was sie da mitbekam. Es war irgendwie alles schon immer da. Nur eben nicht richtig und extra wahrnehmbar gewesen. Es war ein Moment, den sie auch später nicht beschreiben konnte, ohne dass ihr die Tränen kamen und immer noch kommen. Es war doch nur ein einfacher Krug, halbvoll, mit leicht duftendem Öl unten drin.

Aber in dem Kind, das sein Näschen in den Krug steckte, stieg ein Gefühl von wundersamer Wärme auf und erfüllte es ganz. Vielleicht war es auch Licht oder Glück? Sie weiß es nicht. Mit welchen Sinnen, mit welchen Worten soll man das auch beschreiben! Ein Stück vom Himmel vielleicht. Sie kann es nicht beschreiben.

Großmutter legte den schweren Tonteller wieder auf den Krug, nahm das Kind bei der Hand und ging mit ihr ins Haus. Vor vielen hundert Jahren habe es eines Abends, erzählte sie dann der kleinen Theresia, an die Tür ihrer Vorfahren geklopft. Weit vor ihrer Zeit und weit davor, als sie selbst noch nicht auf der Welt war. Wahrscheinlich irgendwann im Herbst. Es muss damals wohl schon dunkel gewesen sein, weil man später in die Dunkelheit hineinrief, ob da jemand wäre und niemand antwortete und auch weit und breit niemand mehr zu sehen war. Es war offenbar dunkel genug gewesen, um sich zu verstecken. Aber es musste auch noch zu früh für einen Winterabend mit Schnee gewesen sein, den der Wind im Spätherbst sehr früh für die Jahreszeit auf die Türschwellen der einzeln stehenden Höfe wehte. Der kalte trockene Ostwind, der jeder Pflanze, die sich nicht rechtzeitig verkroch, den Garaus macht, nimmt keine Rücksicht. Er hätte an dieser Türschwelle auch nicht halt gemacht. Dann wieder muss es auch schon so spät im Jahr gewesen sein, dass die Gärten und Felder schon nichts mehr hergaben. Michaeli war sicher schon vorüber und die Bauernhäuser rundherum hatten sich gegen die kommende Kälte einen braunen dicken Pelz aus Kaminholz um die sonst weiß gekalkten Wände angelegt.

Aber wann genau, das genaue Datum? Das wusste keiner mehr. Und als damals die Urururgroßmutter und davor wiederum die Urgroßmutter wegen des leisen Klopfens an die Tür gegangen sei, um sie zu öffnen, war da draußen niemand zu sehen gewesen. Es habe da nur ein weißes Bündel auf der Türschwelle gelegen. Mehr nicht. Und erst beim Bücken nach dem Bündel hätte sie das Wickelkind darin bemerkt. Ein richtiges Kind! Ein Findel, ein Säugling noch! Und als sie das Bündel Kind dann hoch und in den Arm nimmt und sich schnell noch genauer in der hereinbrechenden Dunkelheit nach irgendeinem Menschen umschaut, den Kopf noch dreht und den Weg entlang schaut, fällt ihr neben dem Kind in dem Bündel aus Windeln und ein wenig gezupfter Schafwolle eine grüne, seltsam unbekannte Pflanze mit einer Handvoll trockener Erde um die Wurzel auf. Was ist das? Die Ahne kannte jede Pflanze in der Gegend. Das Schöllkraut mit seinem gelben dickflüssigen Saft gegen die Warzen. Den Frauenmantel, bei dem schon der Name sagt, wer den Frauen bei den Schmerzen ihrer Periode beisteht. Der Ackerschachtelhalm und das Gänseblümchen. Aber diese Pflanze mit ihren Zwiebelwurzeln war ihr fremd. Sie kannte die Blätter nicht. Aber sie gehörte ohne Zweifel zu dem Bündel mit dem Kind. Das Kind und die Pflanze gehörten zusammen. Und später findet die Frau beim Auswickeln des Kindes noch ein Stück Leder in den Tüchern mit einer Art Rezept darauf. Das werden nur ein paar Worte gewesen sein. Mehr nicht! Das war alles! Warum, wieso, wer und wozu? Keine Antwort. Die Dunkelheit hatte alles verschluckt. Es gab an diesem Herbstabend wohl hundertmal mehr Fragen als Antworten. Und das ist bis heute so geblieben. Es war und es blieb ein Rätsel, das man nie entschlüsseln würde. Es schien ein altes Mysterium zu sein.

Es gibt ja solche Geschichten, deren Ende man nie finden wird und auch nicht finden soll, weil sie, solange man sich mit ihnen beschäftigt, die Seele wach und lebendig halten. So wie es gute Antworten gibt, die die Dinge abschließen und dann auch wieder gute Fragen, die ohne Antwort das Leben offen halten. Manchmal erzählte die Großmutter ihrer kleinen Enkelin die alte Legende auch so, wie wenn das Findel selbst an Haut und Haaren verbrannt gewesen sei.

Eben wie das Kind hier auf der Intensivstation. Deshalb schoben sich bei Theresia wohl auch die Bilder aus der Klinik-Gegenwart und ihrer frühkindlichen Erinnerung übereinander. Und dann wieder war es ein gesundes Kind, das von irgendeiner Mutter geboren und von den fremden Bauersleuten nur angenommen und großgezogen werden sollte. Was die dann auch taten. Und zum Dank dafür bekam die Familie vorab von irgendwem ein wundersames Öl geschenkt. Wahrscheinlich doch wohl von der Mutter, oder!? Hat jemals einer von einer Geschichte gehört, in der der Vater ein, sein Neugeborenes aussetzt? Niemals! Die Väter bleiben meist im Verborgenen und sind oft die eigentlich treibenden Kräfte, die ein ungewolltes Kind loswerden wollen. Aber sie zeigen sich nicht selbst, sondern lassen alles die Schwangeren oder Mütter erledigen. Und die junge Mutter will es retten und legt ihr Kind in ein Binsenkörbchen oder wie hier in ein Bündel aus Decken, Schafswolle und Tüchern. Es muss die Mutter gewesen sein. Es war die Mutter! Für das Kostbarste, was die fremde junge Mutter hatte, ihr Neugeborenes, gab sie das Kostbarste, was ihre Familie hatte, das heilige Öl. Das Öl war der ewige Segen der Mutter.

Manchmal, wenn sich Theresia heute zu sehr in die Bilder der alten Legende vertieft, bremst sie sich selber aus und sagt, wenn sie davon erzählt, nur nüchtern, dass die Haustüre der Ahnen wohl eine Art Babyklappe im frühen Mittelalter war. Kinder zu retten war zu allen Zeiten wichtiger als alle Konventionen, Religionen und Traditionen!

Wenn es denn überhaupt ein richtiges Menschenkind war, das die Legende begründete. Zweifel schienen ja durchaus angebracht. Das Öl mit der fremden Pflanze alleine wäre für die Familie in all der Zeit ja schon eine Art «Baby» genug. Eine Art Findelkind auch dies, das es zu hegen und zu pflegen, zu hüten und zu bewahren galt.

Immer wieder hatte sie als kleines Mädchen die Großmutter gebeten, die Geschichte noch einmal zu erzählen. Sie konnte sie gar nicht oft genug hören. Und sie achtete dann streng darauf, dass Großmutter kein Detail wegließ oder umgekehrt etwas frei und von sich aus hinzufügte, etwas, was sie noch nie gehört hatte! Denn alle Ordnung, Heimat und Orientierung der Kleinen schienen davon abzuhängen. Aber nicht ein einziges Mal wollte die Großmutter dem Drängen der Kleinen nachgeben und sich am Ende auf eine der zwei Version festlegen, nämlich, ob das fremde Kind nun selber krank gewesen war oder nicht. Die kleine Zuhörerin aber hatte sich längst festgelegt. Sie liebte die Geschichte mit dem gesunden himmlischen Kind und dem Öl als Geschenk und Lohn. Diese Geschichte war ganz anders als die mit dem kleinen Mädchen und den Schwedenhölzern, in der das Mädchen an erfrorenen Füßen starb. In Großmutters Geschichte war am Ende alles gut.

# Die junge Frau mit dem Kinde

Aber es war und blieb eben nur eine Legende, die sich mit der Geschichte der Familie und all den Wundergeschichten um Theresias Öl mehr und mehr verwob. Und in ihren verschiedenen Schichtungen war sie nicht mehr genau zu rekonstruieren. Die Legende war wie ein altes, nur allzu bekanntes Bild, das von immer neuen Malern mit immer wieder neuen Farben und Firnis bemalt und übermalt wurde. Aber den Kern der Legende konnte keiner übermalen. Er schlug wie eine feuchte Stelle durch alle Übermalung. Und der Kern war genau so einzigartig und universal zugleich: Es war die alte Geschichte, wie ein junges Mädchen unter widrigsten Umständen wohl gegen allen Widerstand ein Kind ausgetragen hat, verfemt wohl und ausgestoßen wie eine junge Maria, die Magd aus Nazareth. Es war wohl vielleicht ein Mädchen, oder eine junge Frau, das wie die Jungfrau aus den Evangelien, die alle Welt später die Mutter Gottes nannte, aus einer Liebesgeschichte heraus zu einem von niemandem erwarteten Kind gekommen war. Und das alles geschah außerhalb jeder Ordnung und Erwartung. So wie sich das Leben durchsetzt, wenn es mit all seiner Liebeskraft alle Fesseln und Ordnungen sprengt. Genau so war Theresias eigener heiliger Familie vom Himmel, vom Schicksal oder von wem auch immer, von einer fremden unbekannten jungen Frau ein Kind in die Wiege gelegt worden, damit sie es annehmen und lieben sollten. Das klang alles, wenn man es hörte und hörte, so alt und vertraut wie eine Mischung aus Bethlehem und dem Engelsgruß: «Gegrüßt seiest Du, Theresia! Du bist gesegnet. Und gegrüßt und gesegnet sei dein Öl und deine Familie! Der Himmel ist mit Euch!»

Theresia fühlte sich berufen. Kann das in unseren Zeiten noch auf Verständnis oder sogar Anerkennung stoßen? Was für den einen Menschen Glück in der höchsten Form ist, nämlich seinen Platz im Leben gefunden zu haben und seine Gabe zur Aufgabe verwandelt zu haben, stößt bei den anderen Menschen auf eine gehörige Distanz vor vermeintlichem blinden Sektierertum. Der Graben zwischen den Berufenen und denen, die sich bei aller Skepsis nach diesem weiten Gefühl sehnen, scheint durch Argumentation unüberbrückbar zu sein. Den einen ist ihre Berufung, die sie in eine unendlich weit zurückreichende Reihe der Berufenen und Herausgehobenen einordnen, heilig, den anderen ist es eher eine Form religiöser Folklore, die den Blick auf nüchterne Betrachtung der Welt verstellt und damit naiv und kitschig.

Dabei war das Motiv vom himmlischen Kind nun wirklich nicht neu und besonders. Es ist universal. Heute erscheint es manchem als kitschig. Es ist ein Bild der Seele. Es erzählt wohl von dem Moment, in dem ein befruchteter Embryo droht, nicht bei der Mutter bleiben zu können und sich nicht halten zu können und darum frühzeitig abzugehen. So ein von Irgendwem im Irgendwo ausgesetztes Kind ist eine Art universale seelische Bildträgersubstanz, in der die eigentliche und immer gleiche Botschaft versteckt war, nämlich, dass sich in einer Art Wunder der alles umfassende allmächtige Himmel der kleinen Erde hilfreich zugewandt hat. Und es gab im Lauf der Zeiten und Kulturen viele Himmel und viele Götter, die das auf diese Weise taten. Es war ja auch nicht nur ein christliches Erbe. Das Kind, das irgendwie vom Himmel gefallen schien, spukt durch fast alle Kulturen. Es gibt offenbar im kollektiven

Wissen vieler Kulturen und Völker dieses mythologische Bild von der Jungfrau mit dem himmlischen Kind. Die Ägypter kannten es genauso wie die Menschen in den untergegangenen Kulturen zwischen Euphrat und Tigris. Die Juden nahmen es auf. Und die griechischen Mythologien ließen es nicht nur bei einem Kind und bei der Jungfrau. Sie sahen in ihrer bekannten Sinnenfreude bei diesem gynäkologischen Detail nicht so genau hin. Bei den Christen war es dann Maria, die «reine Magd». Und die Urvölker Amerikas und sogar Polynesiens kennen das Bild vom himmlischen Kind, das im Morgenrot in einem Boot ohne Mannschaft von Osten her mit der aufgehenden Sonne übers Meer kommt.

Was hat das zu bedeuten? Das Bild und die Legenden drum herum sind uralt und schleifen sich wie ein alter mächtiger Gletscher über Jahrhunderte und Jahrtausende passgenau in die Eigenarten und Traditionen menschlicher Seelenlandschaften. Auch Moses lag in einem pechgetränkten Binsenkorb, trieb den Nil herab und wurde irgendwo vom Wasser des Flusses abgelegt, um dort gerettet zu werden. Und Romulus und Remus wurden von einer Wölfin gefunden und aufgezogen. Irgendetwas Großes, Wunderbares, Schenkendes inszeniert sich da für die Menschen. Die leiblichen Mütter oder Väter dieser Kinder schienen nicht wichtig zu sein. Wichtig schien zu sein, dass man sich der Schutzlosigkeit annahm. Und dass es belohnt würde zu seiner Zeit.

Später, bei den anfänglich schwierigen historischen Nachforschungen über die Geschichte des Öls, die man in der Vergangenheit auch immer wieder unternommen hatte, bekam die unbekannte junge Mutter des ausgesetzten Findelkindes sogar eine gewisse mögliche Kontur. Es war paradox. Es gab eine Spur zu ihr hin, weil es keine Spur gab. Sie konnte einfach nicht von hier aus der Tiroler

Gegend gewesen sein. Sie tauchte aus dem Nichts auf. Genauso die Pflanze aus der Fremde, die bei dem Kind lag. Die Pflanze unterstützte diese Spur, in der Fremde und bei Fremden nach der Frau zu suchen. Das schwangere Mädchen mit ihrer fremden Pflanze und ihrem Verhalten deutete eher auf Traditionen aus dem Osten oder Süden Europas. Der später gefundene botanische Name der Ägyptischen stammte nämlich aus einer Pflanzenfamilie, die tatsächlich in Ägypten zu Hause war. Sie war eine Angehörige der großen Lilienfamilien, die es mit ihrer besonderen Sorglosigkeit, Schönheit und Gottergebenheit bis in die Heilige Schrift der Christen geschafft hatte. Die Ägyptische war wie ihre junge Überbringerin fremd. Darum war das Mädchen mit dem Kind nicht von hier. Vielleicht waren ihre Vorfahren auch aus dem längst untergegangenen römischen Reich? Sie musste wegen der Pflanze einer Familie entstammen, die über Generationen hinweg am östlichen Mittelmeer entlang immer weiter nach Norden gezogen war.

Wie auch immer, das fremde Mädchen wurde wohl zum ersten Mal schwanger. Und das Kind, das sie da austrug, vielleicht unbemerkt von ihrer Familie, durfte sie nicht behalten. Das zeugt schon eher von strengen Sippengesetzen, die die Frau überschritten hatte. Gewollt oder ungewollt! Die Familien der damaligen Völker verfügten über eine strikte und rigide Ordnung. Sie hatten ja sonst nichts als das mündliche ungeschriebene Gesetz, was sie zusammenhielt.

Das Gesetz war darum heilig. Es hielt die Sippe zusammen und darum am Leben. Und ein Kind oder einen Menschen zu verstoßen, der dieses Gesetz durchbricht, ist eben keine Frage des persönlichen Gewissens. Es ist in erster Linie eine Frage, ob es in die Familie passt.

Einen guten alles umfassenden Gott jenseits der Sippe und ihrer Kultur gibt es nirgendwo auf der Welt. Erst mit der Anbetung derselben Götter fallen die strengen und engen Schranken unterschiedlicher Völker.

Aber so rigide das Handeln der Familiengruppen auch war, so einfühlsam und ebenso märchenhaft war die Treue der Mutter zu ihrem Kind. Und wenn sie ihm schon nichts mitgeben konnte, um den Fluss des Lebens lebend zu überstehen, ohne dass es entdeckt würde, so gab sie ihm ein stilles kostbares Wissen mit. Sie wusste wohl, die größte Bedrohung für ihr neugeborenes Kind geht, neben dem, dass es nicht bald gefunden und geliebt würde, von irgendeiner tödlichen Krankheit aus. Wenn man es dem Zugriff der eigenen Sippe schon entzogen hat, musste sie jetzt dafür sorgen, dass es auch den noch mörderischen Attacken aller Krankheiten entkommen kann. Der Himmel müsste es schützen. Da schien ihr das Öl, das die Haut ihres Kindes beschützt hatte, die richtige Mitgift. Ihr Öl aber würde irgendwann zu Neige gehen. Sie müsste das Rezept mitgeben. Die Völker verfügten über ein über die Jahrhunderte aufgesammeltes außerordentliches medizinisches Wissen, das sie wie ihre eigenen Ordnungen nur mündlich tradierten. So war das «Rezept» vom heiligen Öl wohl kaum auf Papier geschrieben. Es war in der Legende immer ein Stück Leder voller Zeichen und Symbole.

Abseits aller medizinischen Grundversorgung durch Klöster, Ärzte, Hospitäler – Wundfeldscherer und Heilkundige verwahrten ihre Medizin in ihrem Herzen. Sie verfügten grenzüberschreitend über ein gehöriges Maß an volksmedizinischem Wissen, das in keinen Büchern stand.

Die sammelten ihr Wissen von den Altvorderen und gaben es mündlich und experimentell, oft mit einem Initiationsritual verbunden weiter in die nächste Generation. Jedes Kraut war ihnen nicht nur Nahrung, sondern auch Medizin. Es kam dabei zuallererst immer auf die Menge und die Gabe an. Sie hatten ja nicht nur wie hier das elementare Wissen um die aseptische Wirkung der Zwiebeln aller Art, mit der man die lästigen Stiche der Insekten behandeln konnte.

Sie benutzen den heilenden Lehm der Erde, die schrunden Rinden der Eichenstämme und die Blätter der Birken. Sie kannten den Spitzwegerich und die fiebersenkende Eigenschaft der Weidenrinde, sie bedeckten die entzündeten Arme und Beine mit der heilenden Kraft der platt gewalzten Kohlblätter. Sie tranken die aufgegossenen Blüten der Linde gegen die Kälte und nahmen den Honig der Bienen zum Reinigen der Wunden. Sie nutzten die Wurzeln des Johanniskrauts und die rote Kraft der roten Beeren und Früchte, um ihre Abwehrkräfte zu stärken. Und Blätter und Blüten der schmarotzenden Mistel gossen sie auf und bekämpfen ihre Geschwülste. Alles hatte seinen Platz und seinen Sinn in der Wanderapotheke der Natur. Dazu gehörte auch das Wachs der Apfelschalen, die sie mit den Äpfeln frisch vom Baum pflückten und in ihrer Medizin verarbeiteten.

# Jenseits der Klostermedizin

Die Erfahrungsmedizin hatte sich ähnlich der christlichen Klostermedizin ihre Rezepturen von der Natur abgeschaut. Sie waren beide, ohne voneinander zu wissen und sich zu begegnen, gemeinsam die treuen Wahrer einer Signaturenmedizin aus der Natur. Man musste nur die Natur und ihre Art, mit Krankheiten und Absonderlichkeiten umzugehen, genau beobachten und sie dann imitieren, dann würde alles gut. Ein allwissender liebender Schöpfergott hatte gegen jede Krankheit ein Kräutlein wachsen lassen. Man müsste es nur finden. Und wiewohl das heilende Kraut oft auf geheimnisvolle Weise zum Kranken kommt und in seiner unmittelbaren Umgebung wächst und gedeiht, ist das fahrende Volk immer unterwegs und entdeckt das Unkraut am Weg als Heilkraut. Die Brennnessel am Weg war die Königin der Heilpflanzen. Sie reinigte das Lebenselixier Blut. Salbei reinigte den Atem und stärkte das Zahnfleisch und den Rachenraum. Das alles wussten auch die Mönche und Nonnen und kultivierten ihre Klostergärten, in denen sie die wichtigsten Pflanzen pflegten. Aber das wilde Kraut draußen hat eine andere Kraft. Das lehrte sie schon Hildegard von Bingen seit ein paar hundert Jahren, die Äbtissin der Benediktinerabtei in der Nähe von Bingen am Rhein. Nur dass die Klostermedizin im dunkler werdenden Mittelalter mehr und mehr von den Kanzeln verteufelt wurde und wieder einmal auf dem Rückzug war. Krankheiten wie die wütende Pest des hohen Mittelalters galten den Geistlichen und Theologen in Mitteleuropa über die dunklen Jahrhunderte lange als Strafe Gottes, die es geduldig als Sühne zu ertragen galt. Der schnelle Tod war eben der Sünde Sold. Und von den Segnungen einer aufgeklärten arabischen Medizin, die sich zu dieser Zeit vorwiegend über Spanien nach Europa ihren Weg gebahnt hatte, wollten die frommen Männer und Frauen in ihren Kirchen und Klöstern auch nichts wissen.

Sie lebten ihre Spiritualität nicht unter den Kanzeln und vor den Altären der Kirchen aus. Sie lebten und glaubten Gott unmittelbar. Gott war der Herr der Schöpfung. Und seine Schöpfung war wie eine Familie, in der nicht, wie die Kirchen es lehrten, der Mensch das Maß aller Dinge war. Eine Schöpfung war ein geheimnisvolles kosmisches Zueinander aller mit allen.

Wer und was heilt, hat eben Recht! Es kam ja nicht von ungefähr, dass der Lehrer dieser Weisheit, Paracelsus, Theophrastus von Hohenheim, eine Art Wanderheiler war, der sich seine Rezepte und Weisheiten auf den Straßen seines Lebens in der Natur besorgte. Und was in der Natur half, das half auch den Menschen als ein Teil der Natur. Und was die Haut der Äpfel vor zu viel Sonne und Regen schützt, das würde auch für die Haut der Menschen gut sein. Gut möglich, dass ausgerechnet diese von den Kirchen verordnete Blindheit für die Medizin der Völker im östlichen Mittelmeer die junge Frau und ihre Familie mit einem Sonderwissen ausstattete, das sich diese bewahrt hatte. Es kommt immer die Zeit, in der das Gute ins Böse umschlägt und das Böse ins Gute. Möglich auch, dass es gerade bei ihr und ihrer Familie keine Scheu vor arabisch geprägter Medizin gab, die ihren Ursprung im Alexandrien Ägyptens haben sollte.

Aber wie genau, und mit wem und wann denn nun eine solche Heilpflanze aus dem fernen Ägypten bis nach Tirol gekommen sein könnte, das liegt immer noch im Verborgenen. Sie war eben da. Und nur ihr ungefährer Weg, oder besser die groben Wegmarken, sind zu erahnen. Der Weg führte zwangsläufig zurück durch die Gebiete der späteren k. u. k.-Doppelmonarchie Österreichs, durch die Steppen Ungarns und die wilden Gebirgslandschaften des Balkans in den Süden nach Rom und Griechenland und in den vorderasiatischen Raum. Und dann wieder zurück in den kalten, hintersten habsburgischen Winkel nach Tirol. Irgendein Mensch oder irgendeine Familie, eine Medizinfrau vielleicht jenseits der bekannten und angewandten Phytotherapie der Klostermedizin der Mönche musste die Pflanze doch über eine lange Zeit mit sich geführt haben. Und weil das Kraut hier in der Kälte im Norden der Alpen nicht wuchs, musste man sich unendliche Mühe gegeben haben, ihr das Leben zu erhalten. Sie musste bei den Familien einen heiligen Status haben, wertvoll über alle Maßen! Sie musste zu rar und selten gewesen sein, um getauscht werden zu können. Zu wertvoll, um damit zu handeln.

Das Heilige trägt man bei uns nicht zu Markte. Das Heilige ist tabu. Es ist nicht markttauglich und nicht verhandelbar. Vor der grenzenlosen Herrschaft des Marktes gab es eine Herrschaft des Heiligen.

Das Öl und das Rezept einer Wissenden mussten aus all diesen Gründen das Medizinöl einer Außenseiterin und ihrer Familie gewesen sein. Keine Klosterbibliothek und kein noch so alter Foliant kannten diese Rezeptur.

# Das Wunder

In der plastisch-chirurgischen Station schaute der zuständige Primarius, Prof. Dr. H.H. Theresia ermutigend an und nickte still. Er war ein großer schlanker Mann, hatte eine sportlich gebräunte Haut und freundliche Gesichtszüge. Er war so, wie Theresia ihn aus den Medien kannte.

Ein ziemlich mutiger Mann, der in dieser semisterilen Umgebung seiner Station einer fremden Frau sein stilles Okay gab, den Kleinen mit dem fremden Öl zu berühren. Im Flur vor seinem Sprechzimmer hatte Theresia noch einen Sinn-Spruch in einem Bilderrahmen gelesen, den der Professor wohl dort hatte anbringen lassen. «Wenn Licht in der Seele ist, ist Schönheit im Menschen». «Sprichwort aus China», stand klein darunter. Und der ebenfalls abgedruckte Kommentar des Primarius war, dass dieses Licht im Menschen durch viele Faktoren getrübt werden kann. Narben zum Beispiel und ein paar andere Sachen, die Theresia nicht mehr weiter las. Denn dass da «Narben» stand, das war für Theresia wieder nicht nur ein Zufall. Hier war sie richtig. Sie war offensichtlich auf einen plastischen Chirurgen getroffen, der einen Sinn für die spirituelle, die seelische Dimension von Schönheit und Ordnung hatte. Ein Arzt, der Narben nicht als notwendiges Relikt einer Gott und der Medizin sei Dank überstandenen Verbrennung in Kauf nahm. Da, hinter der Tür würde ein Mann auf sie warten, dem das Öl, das sanft hilft, wie gerufen kam. Es gehörte ungeprüft schon zu seiner eigenen Heilphilosophie, in der Schönheit einen besonderen Platz einnahm. Es ging ihm in seiner Medizin offenbar nicht unbedingt um das Siegen und Besiegen von Krankheiten. Von solchen Chirurgen waren die Operationssäle voll. Er hatte wohl schon mitbekommen, dass so eine rücksichtslose Einstellung ohne Rücksicht auf Nebenwirkungen und Verluste das Leben der erfolgreich operierten Patienten zerstören kann. Theresia hatte Vertrauen zu diesem Mann.

Sie drehte den Verschluss der Dose auf, tupfte sich ein paar Tropfen des dickflüssigen Öls auf ihre gepflegten, desinfizierten Handflächen, verteilte sie vorsichtig und ließ sie für einen Augenblick lang ein paar Zentimeter über den Rücken des Kindes schweben, bevor sie sie sanft auf die feuerroten Wunden legte. Leicht sollte es wirken. Es war still im Raum. Es schien ihr eine besondere Atmosphäre zu sein. Alles passte gerade zu allem. Und ihre Hände bewegten sich langsam, andächtig und vorsichtig auf dem kleinen roten Rücken des Jungen von oben nach unten, vom Hals bis hinunter zum Steiß, hin und her. Mehr nicht. Mehr war nicht nötig. Man musste das Öl nicht einreiben. Es würde nur höllisch wehtun. Es reichte die sanfte Berührung. So sanft wie das Öl selbst war, sollte man wirken. Es reichte, eine Art Ölfilm über die kranke Haut zu verteilen. Und es dann öfter am Tag vielleicht zu wiederholen. Die Verbände regelmäßig wechseln und wieder neues Öl auf der Haut verteilen, das dann beim nächsten Verbandwechsel das Gift aus dem verbrannten Gewebe mit sich nimmt. So sollten es die Eltern und die Schwestern in der Klinik ihr nachmachen. Gespannt standen alle um das Bettchen des Kleinen. Wie würde er jetzt reagieren? Er schrie nicht. Sein Köpfchen drehte sich vorsichtig aus dem weißen Bettbezug der Mutter zu und schaute sie aus großen Augen an. Und ein paar Augenblicke später entspannten sich auch schon seine Beine und Arme, die Augen fielen ihm zu und er schlief in seinem weißen Bettchen ein.

So war es im Grunde immer. So hatte das Öl auch zuhause in Söll gewirkt. Theresia wunderte sich also nicht, spürte aber den besonderen Augenblick. Es lag was in der Luft. Es schien sie eher an so etwas wie die Atmosphäre in einer Kirche zu erinnern als an ein Krankenhaus. Keiner hatte ein Wort geredet. Und als sie wieder sprachen, sprachen sie leise miteinander. Und nicht nur, weil der Junge eingeschlafen war.

Dem Professor schien ein Stein vom Herzen zu fallen. Für ihn war es ja auch ein Risiko gewesen und war es noch immer. Wiewohl sich die Eltern standhaft geweigert hatten, ihr Kind durch ihn und sein Team sofort plastischchirurgisch behandeln zu lassen. Sein Ärzteteam wollte die Haut des Jungen transplantieren. Aber die Eltern willigten nicht ein. Eltern können so leichtsinnig sein oder auch verbohrt. In der Auseinandersetzung mit ihnen tauchte am Rande auch, wie ein Art Stichwort ohne vernünftigen Zusammenhang, Theresias Öl auf. Sie hatten wohl irgendwie davon gehört, wussten aber nicht mehr darüber. Er, ihr Arzt, gab nichts drauf. Er hätte sich so leicht aus der Verantwortung stehlen können. Aber er tat es nicht. Die Nacht würden sie abwarten. Operieren könnte man ja morgen sowieso erst. Und dann kam am Morgen ihr Anruf aus Söll. Da passte auf einmal eins ins andere.

Wie war das mit dem Spruch auf dem Flur des Wartebereichs? Wie war das mit dem Licht und der Seele und der Narbe? Auf dem Rückweg würde Theresia sich den Spruch merken müssen. Vielleicht war die Weigerung der Eltern auch der letzte Anstoß für den Arzt gewesen, den morgendlichen Anruf von Theresia überhaupt ernst zu nehmen. Die Dinge hätten sonst den typischen Verlauf genommen.

Neue eigene Haut und Hautzüchtungen müssten auf die Wunde verpflanzt werden, vielleicht ein speziell angefertigter Gummisuit genäht werden, eine Art Kompressionswäsche, die den Rumpf des Kindes in Form hält und die Durchblutung fördert. Und später wiederum über die Monate und eventuell Jahre verteilt plastisch chirurgische Eingriffe, um die unvermeidlichen Narben zu entfernen. So wie sie es immer machten. Aber diesmal würde es anders sein. Als Theresia von der Mutter gefragt wurde, wie lange denn ihr Junge in der Klinik mit dem Öl behandelt werden müsste, war ihre Antwort, dass es nur ein paar Tage stationär nötig wäre. Aber sowohl der Professor als auch sie rieten den Eltern, den Jungen erst einmal hier zu lassen und dann regelmäßig vorzustellen. Sie wollten seine Heilung durch Theresias Öl zweifelsfrei dokumentieren. Später schrieb ihr die Mutter, dass sie ihren Sohn am liebsten gleich mitgenommen hätte.

Vielleicht ist der kleine André nicht nur ein Kind wie all die vielen anderen Kinder, einschließlich Theresias eigener Mutter Anna, die ja auch als Kind von der Milch verbrüht wurde. Vielleicht war André ein Kind, das mit dem Meistern seines Schicksals dem Öl und seiner heilenden Wirkung das Tor in die Welt öffnete. Als sie gemeinsam von einander Abschied nahmen und die nötigen Öllieferungen für die kommenden Tage besprachen, traute Theresia sich trotz der Dramatik der vergangenen Nacht so zu reden. Das kam nicht immer gut an. Es ist problematisch, einer Krankheit einen Sinn zu geben, ohne den Schmerzen eines kleinen Jungen und dem Entsetzen seiner Mutter und seines Vaters zu spotten. Aber Theresia war eben sicher, dass alles gut werden würde. Und sie vertraute dem Öl, das wie am Anfang vor bald einem knappen Jahrtausend seinen Weg nahm, indem es als Schutz an der Seite eines kleinen Kindes war. So dachte sie eben, weil sie es in diesem Augenblick so empfand.

# Später

Später haben die jungen Eltern in einem Brief voller Dank an Theresia von diesen tiefen Momenten erzählt. Sie hatten es ähnlich erlebt. Für sie war es ein Wunder. Der Junge sei bald ganz still geworden, ihr schlafender Junge André. Und schmerzstillende Medikamente mussten nicht mehr eingesetzt werden. Denn die Schmerzen hörten bei André bald auf. Und auch der rote aufgequollene Nacken und Rücken des Kindes bildete sich in vier Tagen wieder zurück. Nur die roten Ränder zeigten die ehemalige Größe der entsetzlichen Verbrennung. Der Professor und sein Team, eigentlich spezialisiert auf plastische Chirurgie und durchaus vorbereitet und bereit, mit ihren Mitteln einzugreifen, mussten ihre Kunst nicht zeigen. Und wie durch dieses Wunder offen genug für die Heilerfolge aus der Naturheilkunde dieser Gegend, dokumentierten sie sogar die einzelnen Stadien der Gesundung dadurch, dass sie André täglich fotografieren ließen. Zuerst jeden Tag, dann jede Woche. Nach einem Monat, das wusste Theresia aus Erfahrung, würde kaum noch etwas zu sehen sein von der großen Katastrophe. Und die Klinik-Fotos von André zeigten es deutlich. Vier Wochen später war das Gröbste überstanden. Ein Jahr später brachten die Eltern ihr Kind erneut ins Hospital, um den Heilfortschritt nochmals zu überprüfen. Da war noch ein schmaler roter Rand am Nacken zu sehen, der von dem Schrecken aus dem vergangenen Jahr Zeugnis ablegte. Keine Narbe, keine zerfurchte Haut, nichts! Theresias Öl wirkte offenbar wieder sein Wunder. Es tat, was es konnte.

Medizinisch-wissenschaftlich betrachtet war das noch kein genügender Beleg für die durchschlagende Kraft des Öls.

# Der Griff nach dem Öl

In diesen aufregenden Tagen des Frühjahres 2005 war Theresia immer wieder die siebzig Kilometer den Inn aufwärts von Söll nach Innsbruck gefahren.

Der Winter war auf dem Rückzug. Und der Inn schleppte eine gewaltige Menge Schmelzwasser durch das Tal. Sie brachte flussaufwärts gegen den Strom frisch angerichtetes Öl in die Klinik. Und das Wasser, das ihr entgegenkam, empfand sie wie einen Dammbruch. In Passau übernimmt die Donau das Wasser des Inns und trägt es bis nach Wien in die Hauptstadt. Wird das, was da gerade in der Klinik passiert, auch seinen Weg bis nach Wien finden? Und wenn sie in die Klinik kam, und das Personal begrüßte und die Ärzte, dann freute sie sich jedes Mal mehr über den Erfolg.

Da wurde sie eines Tages in das Ordinariat der leitenden Ärzte bestellt. Was wollten die von ihr? Wollten sie ihr danken? Oder war irgendetwas vorgefallen, das doch noch einen ungeahnten Schatten auf ihre undogmatische Zusammenarbeit werfen würde? Gab es Komplikationen? Gab es doch Nebenwirkungen, von denen sie all die Jahrzehnte nichts gemerkt hatte? Und wenn, würden die überhaupt von ihrem Öl herrühren? Sicher nicht! Nebenwirkungen von ihrem Öl waren ihr und ihrer Familie nicht bekannt! Die Kliniken aber sind doch voll von gegen alles resistenten Bakterien, die mit ihrem Öl nichts zu tun hatten. Was war los? Oder war es durchaus positiv, dass der Professor um einen Termin bat?

Brauchten sie eventuell mehr Öl für weitere Behandlungen? Ja, so war es. Und gleichzeitig nutzte auch Prof. Dr. H. H. die Gelegenheit, über das heilende Öl und seine Zukunft zu sprechen.

Sie nahm seine Ermutigung dankbar auf. Aber was war mit der Pflanze? Ihre ägyptische Pflanze war eben nur eine Topfpflanze und hatte nur eine beschränkte Art, ihre Blätter und Blüten hervorzubringen. Da hatte der Professor einmal angeregt, ob nicht die Apotheke, die die Universität normalerweise mit Pharmaprodukten beliefert, und dieses und jenes verschriebene Mittelchen auch noch traditionell mit Mörser und Stößel selbst anfertigt, die Herstellung des heilenden Öles übernehmen sollte. Das wäre doch das Beste! Aber da hatte sie gestreikt. Ihr Öl in fremden Händen? Nie und nimmer! Dazu hätte sie ja das genaue Rezept und überdies die Ägyptische hergeben müssen. Und die Pflanze war ihr und der ganzen Familie doch wie ein Kind, ein Familienmitglied.

Es war wohl auch die einzige Ägyptische, die es gab. Und nicht nur hier in Tirol, sondern weit und breit. Sie stand in keinem botanischen Lexikon. Wenigstens hatte sie sie nicht gefunden. Und ihre pflanzlichen Verwandten in Ägypten hatten sicher in all den Hunderten von Jahren einen anderen Weg der Vererbung und Mutation genommen. Nein, die Pflanze war einzig und sie konnte sie nicht hergeben. Das Heilige hat keinen Preis.

Es war ihr Anfang März schon schwergefallen, der Leitung der Universitätsklinik die Ingredienzien ihres Öls zu verraten. Wenn auch nicht das Maß und das genaue Rezept. Aber das musste wohl sein, um den Arzt zu überzeugen, und endlich den Jungen zu retten. Es war kein Geschäft, sie hatte nichts dafür genommen. Und damals musste man sich auch nicht fürchten, dass irgendeiner sonst ein Geschäft mit dem Öl machen wollte.

Die Wirkung des Öls breitete sich wunschgemäß aus und war in der Stadt angekommen. Aber jetzt müsste sie sich auf einmal Gedanken machen, wie sie dem Drängen der Ärzte und der begrenzten Kraft der Ägyptischen gerecht würde. Das schien allein ihre Aufgabe zu sein und nicht die Aufgabe einer Universitätsapotheke mit ihren Mörsern und Stößeln. Es war das Öl der Familie, das Öl, das auch ihrer Familie eine besondere Aura und Kraft verlieh. Man dürfte die Pflanze und das Öl nicht von ihren Wurzeln abschneiden. Es gehörte in die Hände der Familie und sonst nirgendwo hin. Also hatte sie nein gesagt und war auch nicht umzustimmen gewesen. War sie da zu stur gewesen?

Sie war dann an einem dieser späten Frühlingsnachmittage wieder zu ihrer Pflanze in den Garten gegangen. Vielleicht wären wieder genug Blätter und Blüten dran, die sie ernten könnte. Es gab sogar schon Telefonanrufe und Anfragen von Pharmafirmen. Und immer, wenn sie sich auf Gespräche mit ihnen eingelassen hatte, kam bald die Gretchenfrage nach dem genauen Rezept und das Angebot, alles zu kaufen oder aber das Produkt nachzubauen. Aber Theresia wollte nicht. Sie konnte auch nicht.

Die ganzen Monate und danach Jahre war sie ja auf eigene Rechnung und Kosten immer zwischen ihrem Dorf und Innsbruck hin und her gefahren. Immer mit frisch gemischtem Öl auf dem Beifahrersitz. Und dann konnte sie auch immer nur so vielen Menschen helfen, wie die Pflanze es mit ihrem Wachstum zuließ. Man sollte sie düngen, sagten ein paar Nachbarn, die Theresia in ihrem Garten beobachteten, und mit denen sie ihre Sorgen teilte. Sie liebte es offenbar karg. Sie hatte ihren Rhythmus und blieb dabei. Theresia dachte nach.

Nicht, dass da ein Zauberspruch notwendig gewesen wäre. Aber Respekt vor ihr war nötig. Und immer, wenn Theresia das Öl neu mischte, war sie mit den Gedanken bei ihrer Mutter Anna und ihrer Großmutter Maria und dann mit einem Sprung durch die Zeit bei der jungen Frau mit der ägyptischen Pflanze und dem Babybündel. Das verband sie.

Andere hatten einen grünen Daumen, sagte sie sich und können mit ihren Zimmerpflanzen reden, dass sie blühen. Was würde sie dazu sagen, wenn sie nicht nur einen größeren Topf bekäme, sondern einen weniger zugigen Platz im geschützten Frühjahrsbeet für den Salat? Ob sie damit einverstanden sei? Die karge Erde könne sie behalten. Düngen käme nicht in Frage. Sie wollte sie damit nicht stressen und unter Druck setzen. Im Salatbeet mit den schützenden Glasscheiben gegen den Wind könnte man aber früher im Jahr mit dem Blühen und dem Ausschlagen beginnen, so früh wie beim Spargel. Und Spargel, das waren doch ihre ungeklärten botanischen Verwandten? Wenigstens stand das so im Internet, das zwar nichts Genaues über ihre Pflanze wusste, wohl aber über ihre Verwandten. Oder was sagte sie dazu, wenn sie, Theresia, extra für sie ein Treibhaus bauen würde mit eher mediterranem Klima? Da könnte man den Sommer um ein paar gute Monate in die Länge ziehen. Ein Stück Ägypten dann für sie an den Inn holen? Irgendetwas müssten sie doch machen, denn das Öl hatte seinen Ausflug in die große Stadt mit einer großen Nachfrage gekrönt. Wenn das Öl wirklich in die Welt wollte, dann musste die Pflanze jetzt nachziehen.

Sie sollten es am besten mal mit einem kleinen Treibhaus aus dem Baumarkt versuchen. Wenn ihr das bekäme, würde sie das als ein stummes, aber sichtbares Signal werten, dass man der steigenden Nachfrage nach ihrem Wunderöl entsprechen könnte. Und im Herbst würde man dann weitersehen. Als sie sich von der Pflanze verabschiedete, kam ihr Prinz Charles von England in den Sinn. Der hatte sich mit seiner Mission, die Menschen wieder mit der Natur zu versöhnen, auch nicht verrückt machen lassen. Der redete ja auch mit den Pflanzen. Er war mit seiner Art zu denken und zu handeln den anderen weit voraus. Und am Ende hatte er alles selber hergestellt, was er auf den Markt brachte. Sie würde versuchen, es ihm gleich zu tun. Die Ägyptische würde dann entscheiden, wie schnell oder wie weit sie kämen.

Das war damals alles leichter gedacht als getan. Die Geschichte mit André und der Universität war ja in den einschlägigen Kreisen nicht verborgen geblieben. Der alte Naturarzt aus dem nahen Kitzbühel am Wilden Kaiser, Dr. R., erkundigte sich nach dem Öl. Theresia kannte ihn. Alle kannten ihn. Die Leute drinnen in Kitzbühel und St. Johann und im ganzen Tal von Wörgl bis Kitzbühel und dann vom Pass Thurn hoch bis in den Pinzgau. Sie hielten große Stücke auf ihn und sein Ruf war längst über Tirol hinaus bekannt. Ihn kannte die halbe Welt. Auch darum, weil die halbe Welt mindestens einmal im Jahr in Kitzbühel war und dann und wann seinen Rat suchte. Die Natur Tirols schien den Fremden unverfälscht und kräftigend zu sein. Umgang darin färbte wohl ab.

Dr. R. war nicht nur ein hervorragender Naturarzt und sicher ein weiser Tröster. Er verstand seinen ärztlichen Beruf auch als Lehrer. Man musste die Kranken mitnehmen auf die heilsame Suche nach dem, was ihnen fehlte. Kein Arzt heilt. Heilen tut die Natur. Der gute Arzt kuriert eher. Und das bedeutet, dass er einen Kurs, einen Weg vorschlägt, den man gemeinsam gehen müsste, um das Kräutlein zu finden, das heilt. Heilen tut sich immer nur der Patient selbst, sein Unterbewusstsein, sein Wurzelbewusstsein und seine Verankerung im Leben. Oder Gott heilt, die Schöpferkraft, die ihm das Leben schenkte. Den Patienten muss man an die Hand nehmen, sagte er immer. Der Arzt ist nur ein Mitsucher mit erfahrenen Augen und Ohren und einer Nase, die noch riechen kann. So lehrte er. Er suchte nur mit. Und er suchte sowohl nach den Gründen ihrer Krankheit in der Vergangenheit wie nach dem verborgenen Sinn in ihrer Zukunft, der doch nur eines will, den kranken Menschen wieder zurück in den gesunden Organismus der Schöpfung zu holen. Er konnte sich, wenn man ihn traf, über seine Kollegen aufregen, die ihren Patienten nur eine Medizin in die Hand drückten, die sie, ohne zu wissen warum, dreimal täglich einzunehmen hätten. Solche Kollegen waren für ihn keine Ärzte. Das waren eher Pharmaverkäufer im weißen Kittel.

Also lehrte er seine großen und kleinen Patienten, dass bei Verbrennungen und Verbrühungen Schädigungen des Hautgewebes durch Hitzeeinwirkungen entstünden. Da braucht es keine kochende Milch und kein 300 Grad heißes Bitumen. Da reichen schon 45 Grad Celsius. Und während er weiter untersucht, lehrt er seine Patienten weiter. Bei solchen Verbrennungen steigt die Temperatur so stark an, dass es natürlich zu Zellschädigungen und auch zum Zelltod kommt. Die Eiweißpartikel gerinnen und verkohlen zu Gift. Und dann gibt es oft nichts mehr, was das Gift aus der Wunde entfernt oder abtötet. Ein Bild sollte vor den Augen der Patienten entstehen.

Dr. R. will nicht nur die Seele seiner großen und kleinen Patienten erreichen. Er will auch, dass der Verstand die Selbstheilungskräfte unterstützt. Wir brauchen keine Skeptiker und Zweifler im eigenen Körper, sagte er. Wandern dann solche Hautzellen bei der Abheilung nicht ab, wachsen sie aufeinander, türmen sich auf wie die Eisschollen im Winter auf dem Inn und bilden eine Narbe wie der Schaum am aufgewühlten Meer. Der Doktor wählte seine Bilder für seine Patienten sorgsam aus. Er brauchte für die Heilung die Phantasie der Patienten. Sie müssten eine Vorstellung von ihrer Heilung haben, um ganz im Unterbewussten alle Kräfte zu mobilisieren. Bilder und Geschichten heilen. Und so unterrichtete er seine Patienten, dass so eine Narbe für einen ausgewachsenen Menschen schon schlimm genug sei.

Aber eher ein ästhetisches Problem. Bei Kindern war das anders. Narben können sich nicht an das persönliche Wachstum anpassen. Alle sieben Jahre hat der Mensch zwar alle seine Zellen erneuert und ausgetauscht und auch angepasst. Aber die Narben bleiben. Wie kommt das? Das wusste er nicht. Man konnte nicht alles wissen. Der Mensch blieb ein Mysterium, ein Geheimnis. Aber wenn man schon nicht wusste warum, musste man die schrecklichen Auswirkungen verhindern. Neue Zellen bilden die alten Narben neu! Solche Narben sind besonders schmerzhaft und ziehen die Haut und den Körper der Kleinen zusammen. Das kann eine lebenslange Behandlung nach sich ziehen.

Der Doktor aus Kitzbühel war an dem Heilöl besonders interessiert, weil ihm vor langer Zeit zugetragen worden war, was da gerade mit dem Öl aus Söll los war. Das helfende Öl war für ihn «Wasser auf seine Naturmedizinmühle».

Die klassische Medizin warnte bei Verbrennungen ausdrücklich vor einer Behandlung mit Öl. Gut, die klassische Medizin konnte alles beschreiben, was passiert. Sie sagt so oft, was nicht geht. Aber sie sagt nicht, was geht. Heilen konnte sie nicht! Sie beschrieb nur das Elend. Verbrennungen werden von ihr je nach Ausmaß und Tiefe in die Grade I. bis IV. eingeteilt. Und das Ausmaß einer Verbrennung wird auf die betroffene Fläche bezogen in Prozenten der Körperoberfläche angegeben. Aber was hilft das? Man war sich doch längst einig, dass sich die Therapie nach der Tiefe der Verletzungen richtet. Aber so eine Verletzung und wie schwer sie ist, zeigt sich oft genug erst ein paar Tage später. Wie oft hatte er das tatenlos mit ansehen müssen! Man bräuchte eine neue Medizin! Man bräuchte eine revolutionäre Therapie! Und die entdeckte der Doktor in Theresias Öl und bat sie dringend darum. Er war nicht der einzige, der drängte. Aber er wurde dann einer der ersten erfahrenen Mediziner, die dem Öl das Leben ihrer Patienten anvertrauten.

# Der Weg ist frei

Der Termin bei Prof. Dr. H.H. war für Theresia dann am 18. Oktober im selben Jahr. Der Sommer war ins Land gegangen und André war nicht der einzige Patient geblieben. Und was auch immer der Arzt von ihr wollte, sie würde ihm erst einmal allein Theresias Öl, ihre «Brand- und Wundsalbe» anbieten. Sie fühlte sich stark genug. Die Ägyptische hatte nämlich reichlich ausgetrieben.

Und wenn am Ende nicht nur er quasi als einziger in seiner Klinik ihr Öl haben wollte oder sollte, sondern andere auch, dann könnte es hilfreich sein, wenn der Professor aus seiner wissenschaftlichen Sicht und in seiner Sprache einmal zusammenfasste, was sie damals im März besprochen hatten und was dann im letzten halben Jahr passiert war. Darum hatte sie ihn dann gebeten. Und das tat er dann auch.

Theresia hielt zum ersten Mal eine erste wissenschaftliche Anerkennung für ihr Öl in ihren Händen. Sie war glücklich. Stolz war ein falsches Wort. Sie fühlte sich nicht groß und überlegen. Sie hatte eher das Gefühl, einer wichtigen Sache zu dienen. Und Dienen schien ihr mehr Zufriedenheit und Glück zu schenken als alles andere.

*Universitätskliniken Innsbruck*
*für Plastische- und Wiederherstellungschirurgie*
*Vorstand: O. Univ. Prof. Dr. H.H.*

«Frau Theresia Reitsamer hat uns eine Brand- und Wund-salbe zur Behandlung von I. gradigen bis III. gradigen Ver-brennungen angeboten.

Diese Salbe ist ein ‹altes Hausmittel› und wird schon seit Generationen sehr erfolgreich bei I. bis III. gradigen Verbrennungen, sowie jeder Art von Wunden, auch schlecht heilenden, in dieser Familie angewandt. Schwere Verbrennungen (jeder Art – auch Verbrennungen durch Strahlenschäden) sowie Wunden verheilen bei richtiger Applikation der Brand- und Wundsalbe rasch, schmerzfrei, narbenfrei bzw. fast narbenfrei und ohne Nebenwirkun-gen.

Nachdem mir Fr. Reitsamer den Inhalt der Salbe be-kannt gegeben hat, haben wir eine klinische Versuchsreihe gestartet und haben damit insbesondere Verbrennungen II.–III. Grades bei Kindern und auch schlecht oder nicht heilende, chronische Wunden behandelt.

In dieser Bilddokumentation (siehe Anhang) sind nun Behandlungen und deren Behandlungserfolge dokumen-tiert.

*Das Kind, Patient André, erlitt eine Verbrennung II. und vor-wiegend III. Grades im Bereich des Rückens und der Schulter durch heiße Milch. Das Kind war stationär an der Plasti-schen Chirurgie aufgenommen.*

*Vom Erscheinungsbild stellte sich eine Verbrennung vorwie-gend doch III. Grades dar, sodass ein chirurgisches Debride-ment und Deckung mit Spalthaut natürlich in Erwägung gezogen wurde. Nachdem die Eltern des Kindes eine chirur-gische Behandlung abgelehnt haben, wurde die Behandlung mit der oben genannten Salbe begonnen.*

*In der Bilddokumentation sehen Sie nun den Verlauf. Sie sehen deutlich, dass es sich hier doch um eine III. gradige Verbrennung gehandelt hat. Die letzte Dokumentation reicht bis 18.10.2005, hier sehen Sie eine Abheilung der Verbrennungsareale am Rücken mit nur geringfügiger Narbenbildung an der Schulter rechts.*

*Ein weiteres Kind mit einer Verbrennung II. a-b Grades durch heißes Wasser (Patient D.). Die erste Bilddokumentation stammt von der konservativen Behandlung mit der Verbrennungssalbe. Am 06.09.2005, letzte Kontrolldokumentation, wobei hier der gesamte Rücken narbenfrei ist und auch die Verbrennungsareale weder durch Kontrakturen noch durch starke Farbunterschiede in Erscheinung treten.*

*Ein weiteres Beispiel einer Verbrennung: Bei dem Kind Patient B. am Fußrücken und den Zehen. Hier handelt es sich vorwiegend um eine Verbrennung II. Grades. Es kam jedoch mit der Salbe zu einer sehr guten und raschen Abheilung der geschädigten Hautareale.*

*Patient F.: Hier bestand ein chronischer Defekt am Unterschenkel im oberen Anteil medial. Es wurden schon mehrfach Spalthauttransplantationen durchgeführt, jedoch ohne erkennbaren Erfolg, d.h. ohne Epithelisierung. In der Verlaufskontrolle nun nach Behandlung mit der Brand- und Wundsalbe bis auf ein kleines Restareal Epithelisierung dieser chronischen Wunde.*

*Patientin S. Auch hier Verbrennungen am Fußrücken mit heißem Wasser, tief dermal II. gradig, auch hier Salbenbehandlung und sehr gute Abheilung des Verbrennungsareals mit sehr guter Epithelisierung.*

In der Bilddokumentation noch weitere Beispiele einer guten Epithelisierung bei Epitheldefekten nach Anwendung der Salbe.

Zusammenfassend können wir dokumentieren, dass die Salbe von Fr. Theresia Reitsamer bei bestimmter Indikation, vor allem bei Verbrennungen I.-III. Grades, eine sehr gute Epithelisierung erbrachte, wobei hervorzuheben ist, dass die Abheilung schmerz- und narbenfrei bzw. fast narbenfrei erfolgt und die Qualität des Epithels gegenüber der umgebenden Haut hervorragend ist.

Auch bei chronischen Ulzera wird durch diese Brand- und Wundsalbe die Epithelisierung beschleunigt, sodass hier auch ein wichtiger Anwendungsbereich besteht.

Somit können wir diese Salbe aufgrund unserer klinischen Erfahrung bei ausgewählten Patienten bestens empfehlen.

*Univ. Prof. Dr. H.H.*

# JETZT

In der Zwischenzeit hat Theresias Öl einen weiten Weg zu-
rückgelegt. Die Flut der Briefe und Berichte von wunderbaren und ganz unerwarteten Abheilungen nimmt nicht
ab. Sie landen aber nicht mehr alle bei Theresia. Sie landen
bei den Ärzten, Apothekern und bei hilfesuchenden Menschen. Sie sind Gesprächsthema in den Wartezimmern der
Ärzte, wo die Patienten ihre Erfahrungen austauschen. Sie
alle sind jetzt die eigentlichen Wegbereiter von Theresias
Öl. Die Berichte landeten aber auch bei Kosmetikern und
Physiotherapeuten, Sportmedizinern und Olympiatrai-
nern. Man hat dort längst registriert, dass eine Medizin
nicht nur für die Krise da ist, sondern genauso gut prophy-
laktisch eingesetzt werden kann. Ein kleines Kind muss
sich nicht erst die Finger verbrennen, damit die Mutter
darauf kommt, welches Öl der Haut ihres Kindes Balsam ist
und gut tut. Und was für ihr Kind gut ist, kann der Mutter
auch nicht schaden. Und die Strapazen im Spitzensport
mit seinen alltäglichen Sportverletzungen lassen sich
durch Theresias Öl genauso beheben.

Die ägyptische Pflanze hat bei Theresia in der Zwischenzeit
eine eigene Orangerie bezogen und liefert dort treu ihre
wunderbaren Substanzen ab. Theresia gibt sie nicht aus der
Hand. Sie zusammen bleiben ein «Familienunternehmen».
Und vor den unvermeidlichen Irrwegen und Versuchun-
gen einer Marktwirtschaft wird sie sie schützen.

Viele Apotheken in Österreich und Deutschland führen jetzt das Öl in ihrem Sortiment.

Theresia hat durchaus registriert, dass die Universitäts-Klinik ihr Öl nicht nur bei Verbrennungen eingesetzt hat, sondern weit darüber hinaus bei allen Haut- und Wundkrankheiten. Das geht von Psoriasis über Amputationswunden, offene Beine bis hin zu Analfissuren. Und die vielen positiven Briefe der Patienten stimmen den Ärzten zu. Manche Privatversicherung hat die Kosten für eine Behandlung mit Theresias Öl übernommen.

Das Öl geht seinen Weg.

Söll in Tirol heute

**Gemeindeamt Söll**
6306 Söll, Dorf 84

Johann Eisenmann

Söll, am 3. Mai 2011

**Bestätigung**

Ich, Herr Johann Eisenmann, wohnhaft in 6306 Söll, bestätige hiermit, dass ich das damals als Brand- und Wundsalbe bekannte THERESIENÖL durch meinen Großvater kennen gelernt habe. Die Familie von Frau Reitsamer erwarb 1936 den Bauernhof „zu Foisching", welcher sich zu dieser Zeit im Besitz meines Großvaters befand. Seit damals war die Brand- und Wundsalbe – heute THERESIENÖL – vielen Menschen in unserer Gemeinde eine stets große Hilfe. Auch ich selbst verwende bei Bedarf THERESIENÖL, da seine hervorragende Wirkung für sich spricht.

Johann Eisenmann
Bürgermeister der Gemeinde Söll

Theresia Reitsamer und Jürgen Fliege